Markus Kuhn
Geboren 1967 in Lustenau. Trotz seines Studiums der Germanistik und Geschichte in Wien ist er ein waschechter Gsiiberger geblieben, der sich spezialisiert hat auf die Digitalisierung von historischen und politischen Archivmaterialien. Zuletzt erschien bei Ueberreuter: »Die besten Sprüche aus dem Parlament – Einsichten, Ansichten und Ausrutscher«.

www.sprechensie.at

Markus Kuhn

Sprechen Sie Vorarlbergerisch?

Ein Sprachführer für Einheimische
und Zugereiste

UEBERREUTER

ISBN 978-3-8000-7016-9
Alle Urheberrechte, insbesondere das Recht der Vervielfältigung,
Verbreitung und öffentlichen Wiedergabe in jeder Form, einschließlich
einer Verwertung in elektronischen Medien, der reprografischen
Vervielfältigung, einer digitalen Verbreitung und der Aufnahme
in Datenbanken, ausdrücklich vorbehalten.
Coverfoto: Die Hochzeit von Mirja Meusburger und Stefan Bär,
Langenegg, 2003; Privatbesitz
Copyright © 2004 by Verlag Carl Ueberreuter, Wien
Printed in Austria
9 10 8

Ueberreuter im Internet: www.ueberreuter.at

Inhalt

Im äußersten Westen	6
Was ist Vorarlbergerisch?	7
Vorarlbergerisch von A bis Z	10
Menschen wie du und ich	90
Quellen und Literaturangaben	96

Im äußersten Westen

Schaffa, schpäära, huusa,
Katz varkoofa, sealbar muusa.

Den Vorarlbergern wird traditionell eine an Geiz grenzende Sparsamkeit nachgesagt, die leicht in überdurchschnittliche Geschäftstüchtigkeit mündet. Heute unterscheiden sie sich von den Restösterreichern vor allem noch durch ihren Dialekt.
Viele Gsiiberger sind überaus dankbar, ihren manchmal sogar öffentlich beobachtbaren gequälten Versuchen, nach der Schreibe zu sprechen, ein rasches, glückliches Ende gesetzt zu sehen, indem sie sich von ihren Zuhörern auch dann verstanden wissen, wenn sie so reden, wie ihnen der Schnabel gewachsen ist.
Die Kenntnis der alemannischen Mundart fördert die Möglichkeit nachhaltiger Sozialkontakte. Mit dem vorliegenden Sprachführer kommen Urlauber, die das exotische Erlebnis lieben, ebenso auf ihre Rechnung wie Personen, die sich für einen längeren Aufenthalt vor dem Arlberg wappnen. Selbst die Hiesigen können ihr Sprachwissen prüfen. Da die Beispiele allgemein verständlich dargestellt sind, werden sogar noch die Sprecher der Vorarlberger »gehobenen« Umgangssprache, des Bödele- und Ganahldeutschen, ihre Ausdrucksmöglichkeiten spielend erweitern.
Es liegt nahe, mit einem Blick auf die Sprache auch die Kultur und das Wesen der Ländlebewohner zu ergründen. – *Ned lugg loo!*

Markus Kuhn
Göfis, im Jänner 2004

Was ist Vorarlbergerisch?

Der in Vorarlberg gesprochene, namentlich auf den in der Völkerwanderungszeit entstandenen germanischen Stamm der Alemannen zurückgehende Dialekt liegt im oberdeutschen Sprachraum, der nördlich von Köln in gerader Linie nach Osten an den niederdeutschen angrenzt. Alemannisch wird mit jeweils besonderen regionalen Einfärbungen in der Deutschschweiz, in Liechtenstein, Vorarlberg, Baden und im Elsass gesprochen. Es hebt sich insgesamt sowie im Teilbereich des hier kurz Vorarlbergerisch genannten Vorarlberger Alemannischen deutlich vom benachbarten Bairischen ab, wie es im übrigen Österreich gesprochen wird.
Viele der unüberhörbaren Unterschiede zwischen Vorarlbergerisch und dem restösterreichischen Bairischen, das der Standardsprache näher steht, ergeben sich daraus, dass im abgelegenen Ländle der Lautwandel, der für die deutsche Sprache seit dem Mittelalter nachweisbar ist, nicht oder nur teilweise mitgemacht wurde.
So wird oft an Stelle des in der Schriftsprache gebrauchten Zwielautes »ei« oder »au« ein meist gedehntes ii oder uu gesprochen: *ii-* (ein-), *Iis* (Eis), *biißa* (beißen), *dii* (dich), *diin* (dein), *fii* (fein), *gliich* (gleich), *klii* (klein), *liida* (leiden), *miida* (meiden), *niida* (neiden), *pfiifa* (pfeifen), *ritta* (reiten), *Sitta* (Seite), *triiba* (treiben), *Wiibar* (Weiber) und *zilat* (Zeile) sowie *Brut* (Braut), *Buur* (Bauer), *duura* (dauern), *gruusig* (grausig), *Huus* (Haus), *lut* (laut), *muura* (mauern), *ruuch* (rau), *Suu* (Sau), *uus-* (aus-), *Wuusch* (Wunsch) und *Zuu* (Zaun).
Die Endsilbe vieler Wörter ist vergleichsweise stark. Sowohl bei Hauptwörtern als auch bei Zeitwörtern steht an Stelle von »-en« meist ein *a*: *bloosa* (blasen), *dütta*

(deuten), *irgra* (ärgern), *füüla* (fühlen), *grüaßa* (grüßen), *hüüla* (heulen), *jäata* (jäten), *kööra* (gehören), *Lumpa* (Lumpen), *moola* (malen), *nizza* (nießen), *roota* (raten), *segga* (sagen), *toala* (teilen), *würma* (wärmen) und *Zaala* (Zahlen).

Für auslautendes »-er« wird ein gerolltes *r* gebraucht, das alternativ um ein schwach ausgesprochenes *a* auf *-ar* erweitert werden kann. So spricht man auf Vorarlbergerisch »Vater« als *fattrr* oder *fatar*, die »Mutter« als *muattrr* oder *muatar*, während die Leutchen in Wien *foda* und *muada*, im übrigen Ostösterreich *fota*, *muata* gerufen werden. Die Betonung der Endsilbe führt zu einer Verkürzung vorangehender Selbstlaute: *legga* für »legen«, *redda* für »reden«, *segga* für »sagen«, *treatta* oder *tretta* für »treten«.

Die Verkleinerungsform wird entweder mit *-li* oder vorwiegend mit *-le*, statt wie in Restösterreich mit *-erl* oder *-chen* gebildet. Daher heißt »Äpfelchen« *Öpfile*, »kleiner Omnibus« *Büssle*, »Engelchen« *Engile*, »Füßchen« *Füaßle*, »Häuschen« *Hüüsli*, »Kindchen« *Kindle*, »kleine Leiter« *Löaterle*, »Mäuschen« *Müüsle*, »kleine Nudel«, *Nüddile*, »Flaschentrunk für Säuglinge« *Buddile*, »kleiner Rutsch« *Rütschle*, »kleine Stange« *Schtängile*, »Täubchen« *Düüble*, »Weibchen« *Wiible* usw.

In aller Munde ist das Wort *gsii*. Es kommt vom Mittelhochdeutschen *gesiin*, das heißt »gewesen«. Wer mit den Leuten vor dem Arlberg redet, weiß, dass nichts »war«, sondern alles *isch(t)* ... *gsii*. Daher rufen die Ostösterreicher die Ländlebewohner liebevoll »Gsiiberger«.

Ein weiteres hervorstechendes Merkmal des Vorarlbergerischen ist in vielen Wörtern die genüssliche Verbreiterung von »-st« zu *sch*: *bischt* (bist), *Dischtl* (Distel), *Fuuscht* (Faust), *Gäscht* (Gäste), *huaschda* (husten), *ischt* (ist), *Kuuscht* (Kunst) und *Luscht* (Lust).

Die letzte Hürde, die es zu überwinden gilt, wenn man

die Landessprache verstehen möchte, führt auf die Ebene der Sätze. Bereits einzelne Wörter werden abgekürzt gesprochen, wie am Beispiel *gsii* gezeigt. Betrifft diese Energie sparende Aussprache zwei aufeinander folgende Wörter, erscheinen sie als förmlich miteinander verschmolzen. Sehr oft verbindet sich auf diese Weise ein Zeitwort mit einem nachfolgenden Fürwort. An sich ist diese Erscheinung in ganz Österreich verbreitet: *fooama* (fahren wir), *gemma* (gehen wir), *hamma* (haben wir), *kemma* (kommen wir), *lossma* (lassen wir), *moochma* (machen wir), *samma* (sind wir). Trotzdem werden viele Wiener immer noch einen Hinweis benötigen um zu begreifen, dass das Gleiche gemeint ist, wenn sie *faramar, gommr, hommr, könnamr/künnamar, lommr, machamar, simmar* hören.

Nur am Rande sei auf regionale Untergliederungen innerhalb des Vorarlbergerischen hingewiesen. Zu »gehabt« sagt man in weiten Teilen des Oberlandes *kaa*, im hinteren Walgau in Bludenz und Umgebung und im Montafon *ket*, in Dornbirn *kia*, im unteren Rheintal wiederum *ket* und im Bregenzerwald sowohl *ket* als auch *kea* wie auch *kia*. Entsprechendes gilt für eine Anzahl von Wörtern. In einigen wenigen Fällen ist der Gebrauch eines Wortes überhaupt nur in einer bestimmten Talschaft oder in einer Ortschaft nachweisbar. Solche isoliert auftretenden Ausdrücke wurden in diese Sammlung allerdings nicht aufgenommen. Die im Detail unterschiedliche Aussprache in den verschiedenen Landesteilen ist bisweilen angedeutet, indem zumindest zwei der Varianten aufgezeigt werden. Wer die hier angegebenen Wörter gebraucht, wird jedenfalls überall verstanden.

A
abcdefghijklmnopqrstuvwxyz

a	Als kurzer Ausruf bringt »a« österreichweit je nach Betonung ein Gefühl des Erstaunens oder der Ablehnung zum Ausdruck. In normaler Aussprache erhält dieser Selbstlaut in Ostösterreich die inhaltliche Bedeutung von »auch« (etwa: *des hob i a gwusst.*) Für die Vorarlberger ist der Vokal in kurzer oder langer Aussprache nützlich, weil sie sich mit seiner Hilfe oft ein »n« sparen. So heißt »man kann annehmen« einfach *ma ka aania*.
abboana	das Fleisch vom Knochen lösen, abbeinen. Ein Mensch ist sehr mager, wenn er *wia abboanat uusluagat*.
abba, ahha	herunter
abbe, ahhe	hinunter
abbefuula	bei Wahlen eine herbe Niederlage einfahren, politisch abstürzen: *Dia sind abegfuulat!*
abbaloo	herunterlassen
aabeanza	in aufdringlicher Art jemanden zur Erfüllung eines Anliegens drängen, betteln, schnorren

abhocka	eine Strafe absitzen
abhooka	als erledigt betrachten, abhaken: *Des könnamar abhooka.*
ablossa	jemandem geduldig zuhören
abbutza	reinigende Tätigkeit, abstreifen, abputzen; sich in geschickter, nichtsdestoweniger moralisch fragwürdiger Weise schadlos halten, indem man andere zum alleinigen Sündenbock für mitverursachte Probleme oder Kritik macht; *an abbutzata Siach* ist eine raffinierte Person.
a biz(i)le	ein wenig, ein bisschen. *Es sött a kliis bizle gnootar goo!* (Es sollte ein klein wenig rascher gehen!)
abloo	abbrechen, abreißen: *Dear Hooka isch mar abloo*; ablassen (z. B. Dampf)
abluusa	abluchsen
aabrenna	anbrennen; wer eine Sache rasch, ohne Verzögerung erledigt sehen will, sagt: *Nünt aabrenna loo!*
abschpicka	durch Nachahmung lernen: sich durch unauffällige Beobachtung mit der Fertigkeit eines anderen vertraut machen
Ätte	Großvater; auch: *Tätte, Tätta*
Ätze	Weide; *ätzen* (vollständig aufessen)
Äx, Äxt	Axt. Hört man den Ausspruch *Iaz isch d' Äx am Bomm!* ist Vorsicht geboten, weil dann jemandem der Geduldsfaden gerissen ist.
aafooha	beginnen, anfangen. *Kascht aafooha!*

afohas, afangas	erst. Um zum Ausdruck zu bringen, dass man mit der Arbeit oder einer sonstigen Handlung noch nicht weit gekommen ist, sagt man *Iaz hommar afohas des gschafft* oder *Mir sind afohas i dr Hälfte*.
aafüüra	zum Brennen bringen: *da Offa aafüüra*. (den Ofen anfeuern); zitieren, anführen: *Wemma uusgwogga sii wöt, müasstma ou di andra aafüüra*.
aagenza	eine Speise nur kosten und einen Großteil dann unberührt lassen
aagiia	angeben: *Ma heat mar dia Adress aagiia. Bin i do reacht?*; aufschneiden: *Der git gern aa*; zitieren, anführen: *Des kascht o no aagiia!*
aagoo	angehen, in Angriff nehmen: *Gommars aa!*; attackieren, v. a. von Tieren: *Der Hund isch mi voll aaganga.*; betreffen: *Des goot dii nünt a!*; auf die Nerven gehen: *Des künnt oam aagoo!*
aahokka	leicht anbrennen. Manche Speisen beginnen an der Pfannenfläche zu kleben, wenn sie stark erhitzt werden: sie *hokkand a*.
aakoo	ankommen, ans Ziel gelangen; (beim Publikum gut) ankommen; eine Sache, die »von selbst« oder wegen Nachlässigkeit zu brennen begann, *isch aakoo*; an etwas streifen
aakriida	vorwerfen, ankreiden: *Des kamma üs ned aakriida*.

aaloo	den Motor anlassen; anlügen: *Dia hond üs schöa aaloo.*
all	immer; auch: *allbigs, allad, allig* und *allweg*
aaluaga	betrachten, ansehen. Einkaufsbummler wissen: *Aaluaga koscht nünt.* Mit der Verheißung *Du würscht di aaluaga* deutet man an, dass jemand eine völlig falsche Vorstellung von dem hat, was auf ihn zukommt.
Allmä	ungeteilter Gemeindebesitz an Weideland, Allmein, Allmende
anart	in etwa, so in der Art
anne, aane	hin. *Kascht rüabig anne goo, 's Hündle biißt neta.*
annebrenna	verpetzen, verraten
aaniia	annehmen: *Des kascht aaniia.*
Aanig	Vorstufe sicheren Wissens, Ahnung. Die Wendung *Heasch du an Aanig* versteht man je nach Zusammenhang und Aussprache als Frage (»Weißt du …?«) oder (indem das »du« stark betont wird) als zurückweisende Antwort auf die Behauptung eines anderen, welche man für falsch hält.
aloa	allein: *Gang mit, denn bin i ned aloa!*
aloa loo	allein lassen: *Dia Kind kamma no ned alloa loo, zu deam sind sie no z' klii. Heat ma eu glatt aloa loo.* (Hat man euch glatt alleine gelassen.)

aalosa	anhören: *Mömmar üs des Gjöömre aalosa?*
Alp	hoch gelegene Sommerweide für das Vieh, Alpe, »Alm«; *Alpväa* sind die tierischen Sommerfrischler einer *Alp*.
allpott	immer wieder. Wenn eine Botschaft ständig wiederholt wird, hört man *allpott 's Gliiche*.
alta	im hohen Alter: *Ma sött junga doa, was ma alta numm ka.* Dazu gibt es einige Sprichwörter: *Ama-n-alta-Fuhrmaa tuet 's Schnella wool.* (Einem alten Fuhrmann tut es wohl, mit der Peitsche zu schnalzen. Im Sinn von: Die alten Leute sollte man auch noch etwas gelten lassen.) *Alta wachst oam nünt as d' Nägl und dr Gitt.* (Im Alter wächst einem nichts mehr außer die Nägel und der Neid.) *Alte Küa schleackan ou gern Salz.* (Auch im Alter nimmt man noch gern an den Schönheiten des Lebens teil.)
aamächelig	Lust erweckend
amend	etwa, etwa gar. *Monscht amend, es deu bessar wörra?* (Meinst du etwa, es würde – *deu* heißt wörtlich »täte« – besser werden?)
ann	ein(en)
anand	einander. *Dia kond guat mit anand uus, dia hond anand gern.*
anne, aane	hin. *Gang anne!* (Geh hin!) Mit *Luag anne!* (wörtlich »da schau hin!«) signalisiert der Zuhörer vor allem sein Erstaunen.

aapfuufa	anfauchen
ar	das Fürwort »er« im Satzinnern
arfanga	sich wieder erholen. *Wer hät denkt as dia sich nohamol arfanga dädn?*
as	es; dass, damit
asa	als, als wie, damals
assas	damit es. *Assas klar isch, was i moan.*
aarega	anregen. *Ii dät aarega, as mar luagan wia's d' Noochbuura machand, for mar sealbar draagond.*
Aaschtrengig	Anstrengung
asoo	so, auf diese Weise; fragend *asoo?* (tatsächlich? ach so?)
aweak	fort, hinweg: *Aweak mit deam Züüg!*
aazüha	sich bekleiden: *Sötscht di würmar aazüha*; einen Polster, eine Federdecke u. ä. beziehen: *a frisch aazogas Feadrbett*; eine Schraube usw. festmachen: *Do künnt ma no a kle aazüha*; die Gehgeschwindigkeit erhöhen: *Dia hond roos aazoha am Ufwärtsgoo!* (Die haben beim Aufwärtsgehen sehr beschleunigt); eingespannte Zugtiere, die ein Gefährt in Bewegung setzen; anziehen, attraktiv sein; gezielt ein Thema ansprechen; gefrierender Boden: *Hüt am Morga heats scho aazoga.*

B

a b c d e f g h i j k l m n o p q r s t u v w x y z

Wörter, die Sie unter B nicht finden,
stehen sicher unter P

baald	bald: *Mir honds go baald.* (Wir sind bald so weit.)
bäärig	prächtig, toll: *A bäärige Sach.*
bäata	beten. Eine verstärkte Form von »bitten«: *Iaz beatamar no a Vattarunsar.*
Bäatlar	Bettler: *Hoakle wia an Bäatlar.* Sprichwort: *Wenn dr Bäatlar ufs Roß kunnt, dänn rittat ars, bis as hi isch.* (Wer plötzlich zu großem Besitz kommt, kann ihn angeblich nicht dauerhaft halten.)
Bämppelewassar	Limonade
Bäradreack	Lakritze
bangla	stechen (z. B. durch ein Insekt): *Heat mi dia huura Weaspa banglat.*
baschga	bewältigen, meistern. Das letzte Stück Weges/Arbeit *baschgamar gad ouno.*
Beanzgar	abwertend für Kind oder kleiner Mensch
Bemsl	Pinsel
Bendl	Schnur. Redewendung: *Um Sack und Bendl koo.* (Allen Besitz verlieren.)

benza	auf wiederholte, lästige Art und Weise etwas begehren
bi	bei. Ein Sprichwort, das auf den Umstand Bezug nimmt, dass gerade Wohlhabende oft zu Knausrigkeit neigen, während arme Leute im Lebensalltag zuhause sind: *Bi da Riicha ka ma schperra lerna und bi da Arma kocha.*
Biarschmilk	die erste Milch nach der Kalbung
Bibla	Henne, Huhn. *Isch des a bibla* ist ein abwertendes Urteil über eine weibliche Person.
Bibile	Küken
Biig	ein Stapel
biiga	einen Stapel machen. Wenn man Sachen auf- oder einschlichtet. Mit *Mei, hond dii innebüigat!* kann man aber auch darüber staunen, wie viele Leute sich z. B. in einen Omnibus pferchen lassen.
bim	beim. Das Lebensmotto der Bequemen lautet: *Bim Eassa schwitza und bim Schaffa früüra.* Allerdings: *Wer nünt zum Essa ischt, ischt ou nünt zum Schaffa.*
Biira	Birne(n); Kopf (derb). Wer *oane uf Biira kriagt*, bekommt einen Schlag aufs Haupt.
bis	sei! *Bis rüabig!* (Sei ruhig!)
biißa	beißen. *Innebiißa* kann man in ein Gebäck, im übertragenen Sinn von »ver-

	tiefen, hineinsteigern« kann jede beliebige Sache Ziel dieser Tätigkeit werden.
a biz(i)le	ein bisschen. *Sind a bizle rüabiger!* sagt man zu wild herumtollenden Kindern.
blääga	weinen
bläära	laut weinen. *Hör uuf bläära!* ist ein Beschwichtigungsversuch, meist ohne sofortige Wirkung.
blanga	einer Sache erwartungsvoll oder sorgenvoll entgegensehen, harren
Bleatz	ein Stück Stoff; Zunge. *Da Bleatz zoaga* wird, außer beim Arzt, im hiesigen Kulturkreis gewöhnlich als gefühlsbetonte Spottgeste begriffen.
bliiba	bleiben. *Kascht rüabig no bliiba* sagt man zu seiner angenehmen Gesellschaft, wenn sie sich verabschieden möchte.
blöötarla	Daumen drehen, faulenzen, Zeit vergeuden
Bloosa	Blase; blasen. Jemandem *da Marsch bloosa* heißt den Betreffenden schneidig zurechtweisen, ihm zeigen, wo es langgeht.
blöösla	Verkleinerungsform von *bloosa*: vorsichtig, mit wenig Kraft pusten, schwach blasen. Wenn jemand sagt, dass ihn ein anderer *blöösla ka*, so meint er in heftiger Ablehnung, der andere könne nicht mit seiner Zustimmung oder Unterstützung rechnen, ganz im Gegenteil: der andere könne ihn »am Arsch lecken«.

Blootra	eine Blase. Auch: eine gesellige Runde. *Es ischt a ganze Blootra uff Bsuuch koo.*
Blüata	Blüten; bluten. *Blüata wianna suu.* (stark bluten)
Boda	Erde, Boden, Grundbesitz. Redewendung: *Dii sött ma ugschpitzt in bodda stecka.* (Du bist so dumm, dass man dich verschwinden lassen sollte); ziemlich, sehr: *Hüt ischt bodda hoass.*
Bodabiira	Kartoffel(n); auch: *Grumpira, Erdöpfl*
bödala	eine Obsteinlage machen; den Boden bedecken
Bödeledütsch	Dieses zusammengesetzte Wort besteht aus dem Grundwort »deutsch« und dem Bestimmungswort »Bödele«. Das *Bödele* ist ein Alpgebiet (wörtlich »kleiner Boden«) im Vorarlberger Unterland oberhalb von Dornbirn mit schönen Tiefblicken auf das Rheintal und den nahen Bodensee sowie mit Sicht auf die umliegenden Gebirge. Früher, als Urlaubmachen ein Luxus war und Urlauben im Ausland noch kaum praktiziert wurde, erholten sich dort die wohlbetuchten Kreise der Dornbirner Gesellschaft. Ihre Aussprache des Vorarlbergerischen war umgangssprachlich, von schriftsprachlichen Einschüben durchsetzt, offenbar, um damit auch die bildungsmäßige Überlegenheit gegenüber dem Rest der Bevölkerung hörbar zu machen. Wer so redet, wird nicht *i bi hüt schoa z' Breagaz gsii* sagen, sondern er wird über sei-

nen Ausflug in die Landeshauptstadt mit den Worten *i bin heute schon z' Bregenz gwesen* berichten. Längst schon ist das Böddele als Erholungsstätte für das wohlhabende Publikum Geschichte. Geblieben ist die Bezeichnung *Bödeledütsch* für eine Sprachform, die den Dialekt hinter sich gelassen hat, ohne den schriftsprachlichen Standard zu erreichen (vergleiche *Ganahldütsch*).

Bölle	Kopf. *Ma kaa ned mit am Bölle durch d' Wand! Goot des i diin Bölle?*
böserat	ein Zustand ist schlechter geworden
Bolla	Materialbrocken; kugelförmiger Lutschbonbon; wohlgenährtes, kräftiges Kleinkind
Bomm	Baum. Es gibt *Öpflbömm, Biirabömm, Kriasibömm, Zwötschgabömm, Nussbömm* ... Wer mit untauglichem Werkzeug anrückt, kann hören: *Mit deam Glump kasch ga Bömm butza goo!*
Boppa	Puppe; niedlich anzusehender Säugling; auch in der Verkleinerungsform *Boppile* gebräuchlich. Auf einen Säugling aufpassen heißt *boppala*.
borra	bohren. *Varborrat si* heißt nicht etwa »falsch gebohrt haben«, sondern: in engstirniger Weise nur (s)einen Standpunkt gelten lassen, auf etwas fixiert sein
Boscha, Böscha	Strauch, Busch

Bootscha	bequemer, weicher Hausschuh; unbeholfener, schwerfälliger Mensch
bräanda	einen *Bräand* (Imbiss) zu sich nehmen
brätschla	Bohnen-, Türken- oder Erbsenschalen öffnen
Breama, Briama	ein Insekt, Bremse. *Läschtig wia an Bream* sagt man von einem besonders zudringlichen Kind.
Breanta	ein flacher Bottich
brendala	Brandgeruch an sich haben, nach einem Brand riechen
briaga	weinen
Brögl	Prügel; auch: *Brügl*
brunza	Harn lassen; Verkleinerungsform: *brünzla*
Brut	Braut: *Brut heat a wiißas Kload aakaa.*
Bruuch	Sitte, Brauch. Zu jemandem, der sich anständig benehmen oder eine Zeremonie vornehmen soll, sagt man: *tua, wianas da Bruuch isch!*
bruucha	benötigen, brauchen
bschiissa	betrügen, bescheißen. Der beim Aushandeln eines Vertrages Übervorteilte *isch da Bschissne.*
bschnotta	zu eng, zu kurz (in Verbindung mit Kleidungsstücken)
bschossa sii	von einer Materie gute Kenntnisse haben, schlagfertig sein
bschüüßa	wirkungsvoll, ergiebig sein: *des Obscht tuat bschüüssa bim Moschta.* (Beim

Erzeugen von Most ist dieses Obst sehr ergiebig.)

Bschütte	Jauche; *bschüttala* (nach Jauche riechen)
bsundrig	besonders; eigenartig
Bsuff	ein Säufer
Buuch	Bauch. Sprichwort: *Liabar an Buuch vom Freassa as an Buckl vom Schaffa.* (Lieber einen Bauch vom Essen als einen Buckel vom Arbeiten.)
Buck	Knick
bügga, büüga	biegen. Im Rahmen einer Richtungsanweisung beim Autofahren: *vor dr Ampl büügsch reachts is Schtröößle ab.* In Betrachtung der Tatsache, dass die Auslegung von Gesetzen dem Willen einflussreicher Gruppen Rechnung trägt: *Dia büggn des wia sis bruuchn.*
Büüla	Beule
Bümmel	runder Lebkuchen
Bündt	zum Haus gehörende Grünfläche
Bürzl, Börzl	klein(gewachsen)er Mensch, Kind
bütta	bieten. Wenn ein Geschäft oder ein Theater ein ansprechendes Programm hat, sagt man: *Dia büttand allarhand.* In der rhetorischen Frage *Söllan mir üs des bütta loo?* oder mit der Feststellung *Des lond miir üüs ned bütta!* wird auf eine als Zumutung empfundene Handlung reagiert.
Bützel	Pustel

Buur	Landwirt, Bauer. *A Büürle* ist ein Kleinbauer, der nur *wennig Schwäänz im Schtaal heat*; *buurna* (Landwirtschaft betreiben)
Buschla, Boschla	weibliches Rindvieh, Kuh; mit Betonung auf dem »u«: ein mit Draht geschnürtes Reisigbündel, wie es besonders zur Befeuerung von Kachelöfen hergestellt wird. Früher in der ländlichen Gesellschaft anerkanntes Zahlungsmittel bei Geldmangel, daher: *Dr Vattr kunt mit Boschla varbei.*
Buschile	junges Rind, Kalb
Butta	ein hoher Bottich
buttla	fleißig arbeiten. Mit *wövl i doo schoa innebuttlat ha* bringt jemand zum Ausdruck, wie sehr er für eine Sache bereits gearbeitet hat.
butza	reinigen, putzen. Wenn es jemanden *butzt heat*, ist er gestorben. Aber *ou a Glüübiira kass butza.*
Buz	Kind; Kerngehäuse beim Obst (beim Apfel: *butzga*); Kuss; als Verstärkung im Sinn von »sehr«, »ganz« oder »genau«: *buz varuckt, buz 's Gliiche.*

a b c **D** f g h i j k l m n o p q r s t u v w x y z

Wörter, die Sie unter D nicht finden,
stehen sicher unter T

Dach	Regenschirm; »Kopf« in der Wendung: *oane ufs Dach kriaga*
dachla	heftig regnen. Man fordert andere auf, einen Blick aus dem Fenster zu werfen: *Luagn, wias iazt dachlat!*
dädscht	eines der wichtigsten Worte im zwischenmenschlichen Bereich, eine in Frageform gekleidete Aufforderung an den anderen, in gewünschter Weise zu handeln: würdest du / tätest du? Zu einer Mehrzahl von Personen sagt man: *Dädandar?*
da-gliicha tua/toa	zu erkennen geben, dass eine Botschaft angekommen ist; Verständnis zeigen. Andernfalls *tuat eppar ned da-gliicha*.
danta	säumig sein, trödeln: *Wennd no lang umma dantatscht, varsummamar pforschtellig.* (Wenn du noch lange herumtrödelst, versäumen wir die Theatervorstellung.)
dappa	tappen. Mit *Sie dappand allad no im dunkla* kann der Ehegatte seine Gemahlin darüber informieren, dass der besprochene Kriminalfall laut jüngstem

	Bericht weiterhin ungelöst ist. Der *Dappa* ist ein Fußabdruck: *Im ufgwoachta bodda ka ma di schönnschta Dappa macha*, das weiß jedes Kind.
dasig, daasig	benommen, träge: *Hüt bisch abar daasig.*
da(r)wiil	inzwischen, derweilen: *Dawiil künnamr gad no eppas erledigga*; Zeit, Weile haben oder sich lassen: *Du heasch Darwiil, du kaschdar Darwiil loo.*
dean	diesen (Fürwort, Einzahl): *Dean kennamar schoa.*
deanna	diesen (Fürwort, Mehrzahl); drüben (Ortsangabe): *Do deanna goots zua!*; auch: *denna, diana*
deana, diana	dienen: *Mit deam ischt üüs ned deanat.*
dene	jene; auch: *enne*
derra	solche: *Was kascht mit derra Lüt aafooha?*
deera	dörren. *Deerobscht* (Dörrobst)
deweg, deawag	so, auf diese Weise: *Dennaweag kammas macha.*; auch: *dennaweg*
diannig	drüben befindlich
disawäg	auf andere Weise, anders herum: *Disawäg gängs no bessr.*
dodara, dudara	schwätzen, dampfplaudern; *Doddere, Duddare* (Schwätzer, Sprücheklopfer, Dampfplauderer)
döttarla	dämmern. *As döttarlat mar* sagt man,

	wenn einem allmählich ein Licht aufgeht.
domm	droben: *Wenn sie ned domm ischt, isch sie dunn.*
Donnschtig	Donnerstag. *Gumpiga Donnschtig* (»schmutziger« Donnerstag: Am Donnerstag vor dem Faschingssonntag versuchen Männer die nachbarlichen Hausfrauen zu überlisten und ihnen die Pfanne mit dem Braten zu entwenden.)
Doopa	Tatzen; Finger (derb); Fingerabdrücke
doora	herumrühren, im und mit Wasser spielen
döörla	Verkleinerungsform von *doora*
Doos	Reisig
dr	der
dräga	tragen. Um nach dem Einkauf die schwere Tasche zu übernehmen, sagt man: *Lass mii des dräga!*
draakriaga	täuschen, an der Nase herumführen
dreia	drehen. *Luag amol, wia sich dia Windrädle dreiand!* Oder: *Bi deanna dreit sich alls ums Geald.*
driiluaga	dreinschauen (im Sinn von »Augen machen«): *Iir wörand driiluaga.*
driißge	dreißig
Drialar	unzuverlässiger, nicht ganz ernst zu nehmender Mensch; Latz
drkulpa	etwas gerade noch bewältigen

droola	zu Boden stürzen, rollen, wälzen. Anlässlich einer Rauferei: *Hetsch seaha sölla wia dia am Bodda umma droolat sind!* Man kann aber auch *übar di oagna Füaß droola.* Zu Tode stürzen: *vardroola.*
drooma, drööma	träumen: *As as aso kutt, hät ma si ned drooma loo.*
drtua	etwas mühsam bewältigen, knapp erreichen: *Mir honds grad no drtua, as mar uf da Bus koo sind.*
drucka	drücken. *Uf Duba drucka* bedeutet nicht »eine Tube entleeren«, sondern »Gas geben«; trocken.
drüü, drey	drei
drückna	trocknen. Hausfrauen wissen: *Varuss am Luft drücknat d' Wösch am beschta.*
Drümsle	langweiliger, langsamer Mensch
drümlig	schwindlig: *Va deam Drülla wird oam gad drümlig.*
drülla	drehen
druf	darauf: *Druf heat si dees gseet.*
drussbringa	stören, ablenken, aus dem Konzept bringen. *Du heasch mi drussbroocht.*
druura	trauern
druss	daraus. *Was ischt druss gworra?* Wir sind nicht mehr beteiligt, wir sind aus dem Schneider: *Mir sind uus und druss.*

düat, döt	dort: *As haprat halt doo und düat.*
Düüfl	Teufel
Düpfleschiißar	abwertend: übertrieben genauer Mensch, I-Tüpferl-Reiter, Pedant
düür	dürr. *Ma muaß viil güüßa, wemma ned will, as Bloama vardüürand*; Tür
dütsch	deutsch. Mit *Red Dütsch!* fordert man jemanden zum Gebrauch der Landessprache auf oder dazu, Klartext zu reden. Mit *uff guat Dütsch* meint man »unmissverständlich, unverblümt, im Klartext gesagt«.
dütscha	stoßen, schlagen. *Do sind zwoa zsemmidütschat* sagt man, um auf einen Verkehrsunfall hinzuweisen, bei dem zwei Fahrzeuge zusammenprallten; ein Deutscher
Dütsche	mehrere Deutsche (abwertend: *Biffki*): *Viil Dütsche* im Ländle anzutreffen ist Sommer wie Winter ein untrügliches Anzeichen für die Schulferien im nördlichen Nachbarstaat; Landschaftsbezeichnung in fester Verbindung mit der Vorsilbe »ins«: Deutschland. *Mir faarand nögscht Wocha is Dütsche usse*; Hauptwörtlich gebrauchtes Eigenschaftswort: das Deutsche: *'s Dütsche*.
Duala	Delle
Duuba	Taube; Tube; Fassdaube
dunn	unten: *Blib dunn!*

dunka	etwas erweckt einen bestimmten Eindruck, wird eingeschätzt, deuchen, dünken, bedünken: *mii dunkt;* in eine Flüssigkeit tauchen, eintauchen. Wenn man jemanden *innedunkt*, drückt man seinen Kopf unter Wasser oder man bringt ihn im übertragenen Sinn in eine unangenehme Lage, indem man ihn beispielsweise verpetzt. Beim Essen *dunkt* man Zwieback *id Milch*, um ihn weich zu machen; ebenso kann man Sauce mit Hilfe eines Stückes Brot aufsaugen, also *uufdunka*.
Dumma, Duuma	Daumen: *I wür dr da Dumma drucka.*
durra	herüber: *Kumm durra!*
duura	dauern: *Duurat des allad aso lang?*
duranand	durcheinander; verwirrt. Mit *Iaz han i di a kle durranand broocht* (jetzt habe ich dich ein wenig verwirrt) kann ich elegant entschuldigen, dass ich mich nicht klar genug ausgedrückt habe. Hauptwort: Durcheinander
duur	durch: *Duur des simmir druffkoo, as ...*
durra	her: *Kumm durra!*
durre, durri	hin: *Gang durre!*

eanaweag	so, auf diese Weise: *Eanaweag goots ou.*
eba	flach, eben: *Döt usse würd's all ebnar;* gerade: *Des ischas jo eba!*
eender	eher
engschtle	ängstlich
ennas	jenes: *Ennas hanni ou gseaha.*
eppa	ungefähr, etwa
eppas	etwas: *Eppas kümpma no aafüüra;* manche: *Eppas Lüt hond mee Glück as V(a)rschtand.*
epmert	jemand; auch: *eppmr*
eppamol	ab und zu, einige Male: *Dät mar oan vo eu epparamol healfa?;* auch: *epparamool, eppanamool*
Escha	Esche (Baumart); Asche
Eschtrig	Dachkammer, Dachboden: *Villicht ischas uffam Eschtrig.*

Wörter, die Sie unter F nicht finden, stehen sicher unter V

Fängarlis	ein Fangspiel
Färle	junge Schweine, Ferkel; *Färlesuu* (Mutterschwein)
Fatr	Vater. *Isch diin Fatr Glasr gsi?* Frägt man denjenigen, der so ungünstig steht, dass er einem die Sicht nimmt.
Fasnat	die Zeit des Karnevals
feandrig	letztjährig. Wenn etwas eine alte Sache ist, *ischas varbei wia die feandriga Hööbiirle*. (*Hööbiirle* sind Angehörige einer Birnensorte.)
Featza, Fätza	ein von einem größeren Teil abgetrenntes Stück Material, z. B. *an Stofffeatza. Do sind Pfeatza gflogga* sagt man von einer heftigen Auseinandersetzung; ein fürs Draufschreiben als sehr klein oder schäbig befundenes Papier; kritisch beäugtes Kleidungsstück, das aus minderwertigem Material hergestellt ist oder in Folge seiner geringen Fläche manche Körperstellen eher frei lässt, anstatt sie zu bedecken; alkoholisierter Zustand, ein Rausch. Wer *an Featza heat*, ist betrunken; als Zeitwort gebraucht in der

Bedeutung »mit hoher Geschwindigkeit bewegen«, flitzen. Wird man schnell überholt, ist einem jemand *um d'Oora gfeazat.*

Figga	eine Erfolg versprechende Figurenstellung beim Mühlespiel
figala	mit besonders kurzen und breiten Schiern, den *Figgln*, fahren
Fiirtig	Feiertag; siehe *Weachtig*
Firgar	Abflussbecken
fitza	einen leichten, aber scharfen Hieb mit Peitsche oder Rute austeilen
Fläädle	Frittaten. *A Fläädlesuppa isch eppas guats.*
Fläära	kleinere, abheilende Wunde
Fläscha	Flasche
fliißig	fleißig. Nicht erfreulich hingegen ist, wenn jemand absichtlich etwas Unerwünschtes tut, woraus anderen womöglich ein Schaden erwächst: *Des heat ar z'fliiß toa!*
flühha, flüüha	fliehen. *Flühhamol!* heißt »Geh aus dem Weg!« und richtet sich an jene, die andere behindern. *Flüü odar i nimm di!* (Auf die Seite, wenn du nicht zusammengefahren werden willst!)
flüüßa	fließen
flumma	mit Hilfe eines *Flummar* (weichhaariger Staubbesen) den Staub vom Boden entfernen

foast	feist
foocha	fangen. Mit *Wennd ned ufhörscht, foochscht iaz go oane* droht man dem Nachwuchs eine Ohrfeige an, falls er sich weiterhin ungebührlich benehmen sollte.
Foohatis	ein Fangspiel
forr	ehe, bevor: *Abar forr i eppas falschas segg, luag i grad nooch. Forr as z'schpööt isch.*
forrig	vorhin, soeben, gerade: *Vorrig heats grad glütat* (geläutet, geklingelt).
frei	In Vorarlberg kann man »frei« sein ohne »frei« zu sein. Der scheinbare Widerspruch löst sich in Wohlgefallen auf, sobald man der unterschiedlichen Bedeutungen des Wortes gewahr wird. Frei bildet hierzulande nicht nur den Gegensatz zu unfrei, sondern heißt außerdem »angenehm«, »fein«, »nett«, »behaglich«. *Freie Lüt* sind Leute, denen man gerne begegnet. *Frei sii!* kann eine an Kinder gerichtete Aufforderung sein, nicht grob mit anderen umzuspringen. *Frei haa* kann man es in Gesellschaft mit netten Leuten oder auch allein, wenn man sich behaglich eingerichtet hat.
Frööd, Fröud	Vergnügen, Spass, Freude. *A billige Frööd* ist eine angenehme Freizeitunternehmung, die gratis ist oder nur geringe Kosten verursacht. Sich freuen zu können ist wichtig. Daher soll man jeman-

	den, der sich freut, weil er glaubt, Recht zu haben, in seinem Glauben belassen, auch wenn dieser auf einer fraglichen Annahme beruht, solange die Rechthaberei niemandem schadet: *Lond eam dia Fröud!*
Frönde	Fremde. *Oagne und Frönde.* Fremde werden in *Fröndazimmra* beherbergt.
fröndala	Kinder, die Scheu vor Fremden zeigen
Frouw	Frau
Früalig	Frühling
Fründ	Freund(e); *fründle* (freundlich)
fuaßla	laufen, rennen
Füddla	Hintern (derb). Lehnt man etwas als Zumutung ab, sagt man mitunter: *Dia künnen mi am Füdla bloosa.* (In Restösterreich würde man das mit »am Arsch lecken« übersetzen); der *Füddlaschlüüfar* (derb) möchte sich bei seinen Vorgesetzten durch einschmeichelndes Verhalten beliebt machen (Arschkriecher).
Füür	Feuer
füüra	führen; heizen, ein Feuer machen oder unterhalten
fürba	Staub, Unrat zusammenkehren
fürra	hervor
fürre	nach vor, hervor; auch: *fürra, förri*
fürsche	vorwärts
Funka	Holzfeuer; großer Holzstoß, auf dessen

Spitze eine an eine Stange gebundene Hexenpuppe steht, die mit Knallkörpern gefüllt ist. Der *Funka* wird dem Brauch gemäß am *Funkasunntig*, der dem Faschingssonntag folgt, abgebrannt, um hör- und sichtbar den Sieg über den Winter zu feiern. Als Beispiel für Vorarlberger Kulturexport kann man seit einigen Jahren das Schauspiel beobachten, dass sogar am Rande Wiens auf einem Hügel *an Funka abbrennt würd.*

fuul	faul
fuula	faulen
fuura	besonders gut sättigen (z. B. löst eine üppig zubereitete Speise ein Völlegefühl aus)
furt	fort; sich in großer Eile entfernen: *furt si wia Kugl ussam Rohr*
Fuuscht	Faust; fuuschta (die Faust ballen, eine Drohgebärde)

G

Wörter, die Sie unter G nicht finden, stehen sicher unter K

Gäalrüaba	Karotten, gelbe Rüben
gääch	steil abfallend
gär	gar: *Dia Musig ischt gär lut.*
gad	gerade: *Des könnamar gad ou no macha.*; soeben: *Si kut eh gad zur Tür inna.*
Gaggla	Kot in Form kleiner Kugeln. (Solche Losung haben verschiedene wiederkäuende Wildtiere wie etwa das Reh oder die Gams.)
gampfa	schaukeln (auf einer Kinderschaukel oder mit dem Schaukelpferd). Das Reiten auf der Kippe heißt *giigampfa*.
Gampfbrunna	Brunnen mit handbetriebenem Schwinghebel; auch: *Gumpar*
Ganahldütsch	Ganahl ist der Name einer der in der zweiten Hälfte des 19. Jahrhunderts bis in die 1. Hälfte des 20. führenden Vorarlberger Fabrikantenfamilien. Offenbar gehört(e) es in einer solchen Gesellschaftsschicht zum guten Ton, sich sprachlich vom rustikalen Umfeld abzuheben. Der ursprüngliche Familienname

hat in *Ganahldütsch* eine eigenständige Bedeutung erhalten, die im Vorarlberger Oberland geläufig ist (vergleiche *Bödeledütsch*).

Garbahürle	Spitzname einer bestimmten Jasskarte
Garta	Garten; *in Garta waxa* (zum Verhängnis werden); *an Schtoa in Garta wörfa* (Ankündigung, jemandem bei Gelegenheit etwas Gutes tun zu wollen)
Gattig	Gattung. Wenn etwas stimmt, wenn es passt, *heats a Gattig*.
Gazgar	abwertend für: kleiner, kleinwüchsiger Mensch
Gelta, Gealta	ovales Wassergefäß, niedriger Bottich
gerra	gerne tun, gerne haben, mögen. Mit *des muass ma gerra* meint man, dass es schon einer besonderen Liebe bedarf, um der fraglichen Sache/Tätigkeit eine schöne Seite abgewinnen zu können. Hat man eine Liebschaft, sagt man *I gerr di*.
gföörle	gefährlich
gfogga	Wenn etwas gut gepasst hat, wenn es gerade richtig war, sagt man: *Des heat gfogga*.
gia	geben. Wer Spielkarten nicht in der richtigen Reihenfolge oder Anzahl austeilt (sich also *vargia heat*), hört von seinen Mitspielern: *Neu gia!*
ginka	mit dem Fuß stoßen
giira	knarren

Giz	Geiz
gizig	geizig
Gjöömer	Gejammer: *Hör mit deam Gjöömer!*
glaara	starr blicken, glotzen. Wenn jemand lange an einen unbestimmten Punkt geradeaus blickt, frägt man teilnahmsvoll: *Heascht da Glare krigt?*
globba, glouba	Glaube; glauben: *Globscht des?*
glonga	hängend pendeln; sich gehen lassen
gescht	gestern (auch: *geschtrt*); Gäste
Gigalar, Gügalar	Hahn. Der einzige, begehrte Mann in der Frauenrunde, der »Hahn im Korb« wird nicht übersetzt.
Gluufa	Sicherheitsnadel
Gluschta	gelüsten; Lust, Gelüst, Appetit. Angesichts Essender regt sich oft der Nachahmungstrieb: *Iaz kriag i ou no an Gluschta.*
gnoot	rasch, geschwind, schnell. Aus Erfahrung weiß man: *Hinendo muass eppas gnoot goo.* (Hin und wieder muss etwas rasch gehen.) Sage ich, dass ich *gnoot uff 's Örtle muass*, wissen die anderen, wohin ich gehe.
gnüüßa	genießen
Goaß	Geiß; auch: *Gaaß, Geeß, Gizzla*. Verkleinerungsform: *Gizzi, Gizzile*
goo	gehen. *Goot's no?* heißt zwar »Geht's noch?«, muss aber keine verständnisvolle Frage sein, sondern kann ebenso auf das

pure Gegenteil abzielen. Wenn ich das, was jemand tut, für eine Zumutung halte, frage ich so im Tonfall der Entrüstung oder, wenn meine Ablehnung schwächer ist, mit einem ironischen Unterton.

gommr	gehen wir; auch: *gommar*
Göpl	altes, verschlissenes Fahrrad, Tretmühle
Goof	Kind; auch: *Goob, Goog*
göögala	Kinder hüten, auf Kinder aufpassen
gotzig	einzig
graduus	geradeaus
Grääs	Gras
grääza	schluchzen, weinen
Graggle	unsicher gehender, gebrechlicher Mensch
gragglat voll	sehr voll; auch: *grammlat voll*. Ein Lokal kann ebenso *gragglat voll sii* wie ein Obstbaum.
gragööla	lärmen
Gränna	verzogenes Gesicht, Grimasse, vor allem bei Kindern
griifa	anfassen, greifen. Wenn der Charakter einer Sache bei klarer Überlegung deutlich zu Tage tritt, wenn es »auf der Hand liegt«, ist es *zum Griifa*. Etwas, das sich in geringer Entfernung vom eigenen Standort befindet, *isch zum Griifa noo/nooch*.
Grind	Kopf (derb). *Da Grind aahaua tuat wee.*

groopla	Finger (derb); grapschen, herumgreifen
gröötig	übellaunig, grantig
Groot	Grat
groota	Wenn man sich nicht sicher war, hat man *groota* (geraten); ein Werk kann gut oder schlecht geraten.
gruaba, ruaba	ausruhen. *Noch derra Aaschtrengig muass i a kle gruaba.* Ruhe während der Schwangerschaft ist günstig für den Nachwuchs: *Gruaba git starke buaba.*
grüscht	fertig, bereit, gerüstet sein
grüsele	ein wenig unheimlich
grütschla	schaukeln
gruusig	grauslig, grausig
gschäggat	gescheckt, gefleckt. Es gibt beispielsweise *gschäggats Veaa*.
gsii	gewesen (von mhd. *gesiin*). Von dieser Form des Wortes »gewesen« haben die Vorarlberger auch ihren Spitznamen: *Gsiiberger*.
Gsottas	Sammelbezeichnung für durch Sieden zubereitete Speisen
Gsottne	gekochte Kartoffeln
Gspaana	Freund, Gefährte, Gespan
gschpoora	gespürt
gschiid	klug, gescheit
gschiidar	klüger, gescheiter: Bekanntlich *isch ma danooch allad gschiidar. Bis du da*

Gschiidere! ist ein gut gemeinter Rat an die Vernunft, in einem Streitfall, in dem es wenig zu gewinnen gibt, nachzugeben oder eine Sache, an der andere gescheitert sind, klüger anzugehen.

gschidda	geschieden
Gschlüdar	schlüpfrige Untergrundverhältnisse z. B. auf Grund von aufgeweichtem Schnee, Matsch
gschmogga	wenig, knapp, dürftig
gschochatvoll	randvoll
gschpässig	sonderbar, seltsam
gschtäät	langsam, gelassen
gschterrig	starr, steif
Gschtrüüch	Schnupfen
Gschwüschtar	Geschwister; auch: *Gschwüschtrige*
Guatele	Kekse
Güetle	kleines Gut; auch mit der Bedeutung von *Bündt*
Gügalar	lautmalerisch für: Hahn
güüna	heulen, insb. bei (jungen) Hunden
güüßa	gießen
güxla	heimlich beobachten
gumpa	hüpfen, springen
Guttra	Wassergefäß, Flasche
Guttrafurzr	Spitzname einer bestimmten Jasskarte

ha-a	nein, keinesfalls
haa	haben. Um darauf hinzuweisen, dass in einer Sache nicht mehr zu machen ist, dass nicht mehr zu erwarten ist oder auf die Frage der Verkäuferin: »Sonst noch etwas?« sagt man: *Denn heatsas.*
Haag	Zaun, Hecke
Haaga	einzäunen; einen *Haag* in Stand halten
hagla	hageln; *Krotta hagla* (stark hageln)
Haanza, Hoanza, Huenza	Holzgestell, das auf der Wiese zum Trocknen des Heus verwendet wird; abwertend für: magere Frau
Häfele	kleiner Topf. Redewendung: *'s Häfele heats Deckele gfunda.* (Scherzhaft für: Zwei zusammenpassende Menschen haben sich gefunden.)
hääl	schlüpfrig, glatt, rutschig, eisig; nicht vertrauenswürdig, falsch (bezogen auf einen Charakter)
häära	rufen
Hääß	Kleidung
Hafaloab	eine Art hart gekochte längliche Gries-

knödel als Beilage. Eine beliebte Mahlzeit im Vorarlberger Unterland ist *Hafaloab und Schpeack*.

Hampfl(a)	*a Hampfl* ist eine Hand voll
heanna	herüben; auch: *hianna*
hebba	halten, heben
Hennaschiss	Hühnerkot; *all Hennaschiss* (in kurzen Zeitabaständen)
Hennaschtaal	Hühnerstall
Hendscha	Handschuh
herra, heera	herbei, her. Man ruft jemanden herbei mit: *Kumm herra!*
Hergoless	Fluch (knüpft vielleicht an den Namen des griechischen Halbgottes Herkules an)
hetzig	komisch, lustig
Hiarbscht	Herbst
hii	hin (als Richtungsangabe); kaputt, hin
hintarsche	rückwärts
hm-m	Diese Laute bedeuten »nein«
hoakle, haklig	heikel, wählerisch; bezogen auf eine Sache oder eine Lage kann es auch »schwierig« bedeuten: *a hoaklige Gschicht.*
hocka	sitzen; sich unfreiwillig im Gefängnis aufhalten, eingesperrt sein. Wer *hocka bliibt,* muss eine Schulstufe wiederholen. Wer eine Liebschaft beendet und sich

aus dem Staub macht, ohne sich seinem Partner gegenüber zu erklären, lässt den anderen *hocka*. Oder man erlebt im umgekehrten Fall: *Dia heat mii glatt hocka loo!* Auch kann jemand im alleinigen Eigentum jener Sachen bleiben, die er verkaufen wollte: Er *isch druff hocka blibba*.

Hockar	Stuhl ohne Lehne; abwertend für einen Menschen, der bei Zusammenkünften über Gebühr lange sitzen bleibt. Auch: *Hocki*
Höö	getrocknetes Gras, Heu
höfile, hofile	fein, vorsichtig. *Bis höfile! Dond hofile!*
Hööhoppar	Heuschrecke
Hooka	technisches Gerät, Haken; sehr magere Frau; ausgemergeltes Pferd; ein mutmaßlicher Fehler; ein Mangel, den man nicht sieht, von dem man aber annimmt, dass es ihn geben könnte: *Wo isch do dar Hooka?*
Holzscha	Holzschuhe; auch: *Hölzlar*
hoppa	hüpfen
hoppa reita	eine spielerische Übung für kleine Kinder: auf dem Schaukelpferd reiten
hoorig	haarsträubend
Hornara	ein Rindvieh, das seine Hörner einsetzt, macht sich bei den Bauern unbeliebt; heftiges Schneetreiben, oft im Spätwinter; als Zeitwort: mit dem ursprünglich

	bäuerlichen, großen »Horner«-Schlitten fahren
Hossa, Hoosa	Hosen. *Mit volla Hossa ischt guat schtinka* besagt, dass es kein besonderes Verdienst darstellt, sich in vorteilhafter Weise zu verhalten, wenn eine solche Verhaltensweise dank idealer Rahmenbedingungen ohne eigenes Zutun möglich ist. Jemand, der sich blamiert hat, geht *mit abgsägta Hossa* nach Hause; *an Hossalupf macha* (ein Kräftemessen veranstalten; siehe *Lupf*)
Hossalottre	Bub, dem die Hose, die er trägt, sichtlich zu groß ist; ein sehr schlecht gekleideter Mensch
Huuba	Haube. Durch Heirat kommt die Frau *untar d' Huuba.*
huddla	etwas überhastet tun. Wer sich so verhält, *isch an Huddle.*
hüata	Vieh hüten; auch: *haalta*
hüüfla	rund um Pflanzen Erde anhäufen
hüüla	heulen
hüür	heuer: *'s hüürig Joor ischt widr schneall umme gsi.*
hüroota	heiraten: *Wenn hürootamar?* heißt nicht »Wen«, sondern: »Wann heiraten wir?«
hüüsla	spielen: *Was heascht ou du für a Hüüslate?* (Was ist denn das für eine Herumspielerei?); wenig ergiebig arbeiten
Hüüsle	kleines Haus, Häuschen. Man kann

	auch zu Hause *ussam hüüsle sii,* nämlich »aufgeregt sein«; Toilette
hüt	heute
Huufa	Haufen. *Ne-dr Huufa* (nicht gerade viel) sagt man von geringen Mitteln oder bescheidenen Qualitäten im Hinblick darauf, dass sie bei ihrem geplanten Einsatz zur Durchführung eines Planes nicht sonderlich vertrauenserweckend wirken. Auch das Ergebnis einer Tätigkeit kann *ne-dr Huufa sii.*
huura	verstärkendes Beiwort im Sinn von »sehr«, »außerordentlich«: *huura lut* (sehr, verdammt laut); auch: *huuramentig*
huslig	sparsam: *huslige Lüt*
huusa	sparsam den Haushalt führen, sparsam wirtschaften
hussa	draußen: Wenn wir draußen sind, *simmar hussa* oder *varuss.*
Hut	Haut. Wenn ein Umstand die eigene Geduld überfordert, wenn es schwer ist, Fassung zu bewahren, weist man entsprechend darauf hin: *Do künscht usdr Hut faara!* Mit *des goot uff koa Kuahut* empört man sich über Dummheit oder Unverschämtheit.
Hutschla	Schwein; Person, die sich unnötig schmutzig macht
Hutschile	kleines Schwein, Ferkel. *Bischt duu a Hutschile! Wiana Hutschile* sagt man zu einem Kind, das sich schmutzig macht.

I/J

iatz	jetzt; *gad iaz* (gerade jetzt)
ii	ich (persönliches Fürwort). In Verbindung mit einigen wenigen Zeitwörtern und Hilfszeitwörtern können wir unsere Beziehung zur Umwelt vernünftig gestalten. Mit Blick auf Erledigtes oder auf unseren Besitzstand sagen wir *i ha* (ich habe), Beabsichtigtes künden wir an mit *i würr* (ich werde), in realistischer Einschätzung der Lage nehmen wir oft die Dienste der Möglichkeitsform in Anspruch: *i dürft* (ich dürfte), *i künnt* (ich könnte), *i müasst* (ich müsste), *i sött* (ich sollte). *ii* kann aber auch die Vorsilbe ein- sein.
iidressiert	ungemein geizig
iifalla	einen Einfall haben. Man ist bisweilen verblüfft über den Wertewandel im Vergleich zur nachfolgenden Generation: *Des wär üüs im Troom ned iigfalla!*; einen Angriffskrieg führen
iifüra	einheizen; einführen
iigoo	verenden, verrecken, eingehen: Wer übergroße Strapazen bestanden hat,

kann sagen, *dass ar fascht iiganga isch*. Ein Geschäft, das bankrott macht, *goot ii*; einfühlen, sich besonders abgeben: *Eppas lüt fohan erscht denn a z' redda, wemma uf s' iigoot.*

Iigsottas	Eingekochtes
iikeera	ins Wirtshaus gehen, einkehren
Iis	Eis
Iisa	Eisen
iizüüna	einzäunen
inna, iinar	innen; herein: *Kumm inna!*
inne	hinein: *Gang inne!*
irba	erben
Irgar	Ärger; *irgra* (ärgern)
Jassa	heimisches Kartenspiel – ähnlich wie das Wiener »Zensern«
jöömra	jammern
jucka	springen, hüpfen; beißen, jucken
juuza	jauchzen
Jück nia	Sprünge vollführen
jüngla	wenn Tiere Junge werfen

Wörter, die Sie unter K nicht finden, stehen sicher unter G

Kaanta	Kante; Gefäß, Kanne
kalla	wenn das Fett fest wird
Kappa	Kopfbedeckung, Kappe. *Uf Kappa stiiga* meint »zur Verantwortung ziehen«, »auf jemanden (der säumig ist) Druck ausüben«, während man Verantwortungsgefühl beweist, wenn man etwas *uf di oaga Kappa nit*.
Kappaschtock	einfältiger Mensch. Ursprünglich: dem Aufstecken der Kopfbekleidung dienender Holzstock
Kämme, Kämmi	Kamin. *Des kascht is Kämme schriiba* sagt man, um jemanden auf die Uneinbringbarkeit einer Forderung hinzuweisen.
Käänar	Dachrinne; auch: *Keanar*
Käär	Keller
Käsknöpfle	eine Vorarlberger Spezialität mit einer gewissen Ähnlichkeit zu den »Kaasnockerln«
Karra	Holzkarren. Auch: altes Auto. *An varfaarana Karra* ist eine »verfahrene Situa-

tion«. Damit man eine solche Lage bewältigen kann, muss man *da Karra ussam Dreack zühha. Da Karra laufa loo* meint schließlich »den Dingen ihren Lauf lassen«.

Kärra	mehrere *Karra*. Eine Erfahrung: *Alte Kärra gierand gern.* (Die Alten nörgeln gerne.)
kascht	(du) kannst
Kichara	Bohnen; als Zeitwort: kichern
kiiba	schimpfen, schelten
Kifl	Kinn (derb)
kifla	zanken, streiten
Kilbi, Kilbe	Kirchweih. Wenn ich zum Ausdruck bringen möchte, dass jemandes Ansinnen bei mir auf taube Ohren stoßen wird, dass ich hier nicht mitmache, sage ich statt *du kascht mi blöösla* ebenso: *Du kascht mar uf Kilbe koo.*
kittara	kichern
kläpfa	knallen, schlagen
klammara	klammern; Klammern; rote Waldameise
Klammarahuufa	Bau der roten Waldameise
Klattra	anhaftende Schmutzbrocken
klii, klenn	klein
a klele	ein wenig, ein bisschen
klokka	klopfen
Kloos	sich ungeschickt anstellender, etwas falsch machender Mensch; Nikolaus

Kluppa	Wäscheklammer, Klammer; klemmen, zwicken: *Pfingar iikluppa* tut weh. (Die Finger einzwicken schmerzt.)
kluppig	geizig
klüüba	zwicken
Kneippar	Sandalen
Kneu	Knie; auch: *Knüü*; *kneula* (knien)
Knoschpa	Holzpantoffel
knootza	das hörbare Geräusch beim Gehen in nassen Schuhen
Knüse	dralles Kind; auch: *Knüsi*
koa	kein. *Koa brot ha* heißt keine Gelegenheit haben, chancenlos sein.
Koder	Auswurf; auch: *Kuder*
Kodri, Kudre	einer, der *kudert*, also den *Kuder* ausspuckt
körig	ordentlich, anständig, gehörig
Kogg	lästiger, frecher Mensch
koo, kuu	kommen
Koof, Kööf	Kauf, Käufe. *Koof!* ist auch die Befehlsform von »kaufen«.
koofa	kaufen
Krää	Kren, Meerrettich
Krääwürschtle	sagt man im Unterland auch noch zu *Zizile* (siehe dort)
Krääza	Tragkorb

kreabla	kriechen: *am Bodda kreabla*
kreia	krähen
kriaga	bekommen
kriiaga	kämpfen, Krieg führen; als Hauptwort: eine Vorrichtung zum Misttransport
Kriasi	Kirschen
Kriida	Kreide
Kröömle	kleines Gebäck, süße Spezerei, Kekse
krooma	einkaufen
Krotta	Kröten. Sprichwort: *Klenne Krotta hond ou Gift.* (Auch kleine Menschen können bösartig sein.)
Krüppl	Mensch mit körperlichem Gebrechen; boshafter Mensch
Krut	Kraut. Man weiß aus Erfahrung: *Hafaloab und Krut füllt da Buaba d' Hutt.*
krutara	mühsam das Auskommen finden
krüüha	kriechen; auch: *krüücha*
Krüz	Kreuz. Sprichwort: Mit *oa Holz git no koa Krüz* lässt man durchblicken, dass am Versagen in der Ehe nicht nur eine Seite die Schuld trägt.
Küachle	kleine, aus Fett gebackene Mehlspeise; ungeschickte Person
küzzla	kitzeln
Kuzza	Wolldecke. Mehrzahl: *Küzza*

L

Laada	Verkaufsgeschäft. Abwertend in der Wendung: *Des ischt an Laada!*; Fensterladen
Lägala	Holzgefäß, Jauche, Jauchenfass
Lätsch	missmutiger Gesichtsausdruck
Laampa	Lampe; als Zeitwort: welken; hängen lassen: *Da Kopf laampa loo* steht für traurig sein.
Lalle, Lappe	verächtlich für: dummer Mensch; eigentlich: einer, der lallt
Lacha	als Zeitwort: lachen; von jemandem, der wiederholt lauthals lacht, sagt man, dass er *Läch loot,* also ein Gelächter veranstaltet; Pfütze
Lälla	Zunge; als Zeitwort: die Zunge zeigen
Längala	längliche Birnensorte, die sich besonders gut als Dörrobst eignet
leachar	undicht, wasserdurchlässig
leatz	falsch, verkehrt
letschtjöörig	letztjährig
liaß	salzarm, geschmacklos

liicht	leicht. *Du heasch(t) liicht reda* sagt man zu einem Besserwisser, der sich nicht in der gleichen schwierigen Lage befindet. Klingt hinter einem solchen ungebetenen Kommentar die Erleichterung des anderen darüber, nie mit einer solchen Sache konfrontiert gewesen zu sein oder es inzwischen besser zu haben, heraus, sagt man schmollend: *Du heascht liicht lacha!*
Liffrig	Lieferung. Bei Vorliegen entsprechend schwieriger Umständen sagt man: *Des isch a Liffrig! Dia hond/hend a Liffrig beianand!* ist der kritische Befund zur Unordnung anderer Leute.
ligga	liegen: *A was lit des?* (Woran liegt das?)
liha	leihen: *Des sihi widr, des isch bloss gliha!* Auch: *liia*
Liib	Leib. Sprichwort: *Da Lib gschpärat, isch ou ghusat.* (Wer faul ist, spart auch.)
Liim, Liam	Leim: *Würscht eam doch ned uffa Liim goo, oddr?*
loaba, laaba	von einer Speise einen Rest übrig lassen
Loabat	aufbewahrter Speiserest. Sprichwort wenn zwei ältere Leute heiraten: *Zwoa loabata geand a hochzig.*
load	schlecht aufgelegt, launisch
loadwerka	etwas verderben, einen Streich spielen
Loamsüüdar	langsamer Mensch
Loasa	eine Spurrille, ein Loch, eine Beschädigung im Fahrweg

Loatra	Leiter
loo	lassen: *Sii loo!* heißt »Sein lassen!«, *Lommars (sii)!* »Lassen wir's gut sein!«
loofa	gehen, laufen; auch: *loufa*
losa, losna	zuhören. Vergleiche englisch: to listen
loss	Befehlsform: hör zu!
luaga	blicken, schauen. Vergleiche englisch: to look. *Ums Ummeluaga* (rasch)
Lüt	Leute
lüta	läuten
Luft	Wind. *Iaz hommr widr Luft* meint: »Jetzt haben wir wieder mehr Zeit.«
lufta	wehen, winden. *Wenn's asach varluftat*, sorgt der Wind dafür, dass die drohenden Wolken verschwinden und der Regen ausbleibt. (*Asach*, »die Sachen«, Sammelbezeichnung für etwas nicht konkret Benanntes)
lugg	locker, los; ein Wahlspruch: (*Nur*) *ned lugg lo!* (Nur nicht locker lassen! Nur nicht aufgeben!)
Lumpa	Lumpen. Sprichwort: *Wear mit Lumpa tuat, muass mit Featza zala.* (Wer mit Habenichtsen umgeht, wird ruiniert.)
Lupf	das Anheben einer Last: *an Lupf toa*. Mehrzahl: *Lüpf; lupfa* (heben)
lut	laut; Steigerung: *lütar, am lütaschta*
Luusar	Lausbub

M

Mää	nicht nur der Ziegenlaut, sondern auch die Mehrzahl von »Mann«
määnerlei	mancherlei
Mam	Mutter
mäanga	jammern, raunzen; *Mäang* ist eine Frau, die oft jammert.
Märzaschiss	Sommersprossen; auch: *Mirzaschiss*
Maiggi	Mädchen
maar	weich. *A maare Biira eppa.*
Maaraneascht	Versteck für Obst und sonstige Nahrungsmittel
Marend	Jause
Mäschgarle	maskiertes Kind im Fasching
Matsch	Eine Spielrunde beim Jassen, wobei eine Seite keinen Stich macht
mee	mehr
mengs	manches
Metzg	Fleischhauerei, Metzgerei; *metzga* (schlachten); ein *Metzgargang* ist eine ergebnislose Bemühung (wie *Schnüdargang*)

Minzla	Kosename für »Katze«; auch: *Munzla*
mir	wir
mirka	merken: des *mönd ar eu guat mirka!* (Das müsst ihr euch gut merken!)
Moo	Mond
Moaddle	Mädchen; *Möaddile* (kleines Mädchen)
Moosa	Flecken. *Beera geandt Moosa.* (Beeren sorgen für Flecken, wenn sie beim Verspeisen auf der Kleidung statt im Mund landen.)
Moaschtar	Meister; als Zeitwort: meistern. Man vermittelt Zuversicht, indem man ankündigt, eine Schwierigkeit bewältigen zu können: *Deam wöramar ou no moaschtar.*
mögig, mügig	nett, hübsch, liebenswert, sympathisch
moll	ja doch, ja
mollback	Ausruf oder Einwurf, mit dem man auf eine Wahrnehmung oder Äußerung reagiert; Anteilnahme, dabei Überraschung, Erstaunen oder Anerkennung signalisierendes Wort ohne weitere eigene Bedeutung; auch: *molldu, wolldu*
Moltschere	Früchtebrot, Birnenbrot
moomile	Kekse, Gebäck, Süßigkeit
mömmar	müssen wir
morn, maara	morgen
Moscht	Most. Die Redewendung *Denn wöramar*

	jo seaha, wo dr Baartle da Moscht holt! ist eine Drohung, Wege und Mittel zu kennen, um ein Ziel zu erreichen.
muasla	undeutlich sprechen
Mugl	kleiner Hügel
muschber	munter
Muus	Maus: Redwendung: *Er heat schneallar an Uusred wia a Muus a Loch.* (Er findet blitzschnell eine Ausrede.)
muusa	Mäuse fangen
Müüsle	kleine Maus. Redewendung: *Er tät a Müüsle mealka, wenn ar an Ütarle fänd.* (Er ist so knausrig, dass er eine Maus melken würde, wenn er ein Euter fände.); *des isch da Müüsa pfiffa* (eine unnütze Arbeit verrichten)
muusaloa	ganz allein
mussiga	Musik machen. Wenn die Losung ausgegeben wird *ned lang mussiga!*, dann wird es ernst, dann wird eine rasche Problemlösung angestrebt. Das heißt so viel wie: »Nicht lange fackeln!« Wer in einer Sache *ka Mussigkhör heat,* gibt einer Bitte nicht nach.
Mutz	flüchtiger Kuss

Naacht	Nacht. Wenn eine Sache aussichtslos erscheint oder ein Mensch körperlich und geistig am Ende ist, sagt man: *Iaz ischas ganz Naacht.*
närsch	verrückt, wahnsinnig
nai, ney	nein
Na-glar	Bewegung; in der Wendung *koan Na-glar me tua* (sich nicht mehr bewegen)
naia	nähen
Narraboa	»Narrenbein«, stoßempfindlicher Knochenteil am Ellbogen
neanna	nirgends, nirgendwo; auch: *niana*
nia	nie; nehmen; *abnia* kann »Körpergewicht verlieren« heißen oder »eine Information glauben«
Niala	Waldrebe (wird von Buben für erste Rauchversuche verwendet)
nizza	nießen
noo, nooch	nahe: *nooch draa sii*
noocha nia	weg bewegen
noche koo	aufschließen, den Anschluss finden; die

	Arbeit bewältigen; etwas verstehen, kapieren
nochemacha	beeilen; nachmachen
nocheschlüüfa	nachschleichen
Noochbuur	Nachbar
nochejassa	das abgeschlossene Kartenspiel erörtern; über vollendete Tatsachen diskutieren
nööhar	näher
nomma	irgendwo: *Des hanni schoa nomma köört.*
nommas	etwas
noora	dösen
noot	Naht
nüala	wühlen
numma, nümma	nicht mehr: *Des ischt jo schoa numma woor!* (Das war früher, das gibt es nicht mehr.)
nüüne	neun; *nüüne moola* (das Mühlespiel)
nünt, nüüt	nichts. Spruch: *Nünt ha ischt a rüabige Sach, abar zitawis langwiilig.* (Nichts haben bringt keine Probleme, ist aber manchmal langweilig.)
nüütme	nichts mehr: *Do goot nüütme.*
nüntig, nüütig	gering, wertlos: *A nüntige Sach.*
nünzge	neunzig; auch: *nüüzge*

oacha	Eiche
Oacharle	Eichhörnchen
Oachla	Eichel (Baumfrucht); Kartenfarbe. Beim Jassen jene Spielfarbe, wo die Karten ein Eichel-Symbol aufweisen; beim Schnapsen sagt man dazu »Kreuz«.
oaga	eigen, eigenartig. *Oagne Lütt* sind *a oagne Surta*.
oagnas	eigenes. *Oagnas Gmüas ussam oagna Garta*.
oas, ees, aas	eins
Oaßa	Abszess
oba	oben
obacht	in den Wendungen *obacht gia* (Acht geben); *Gib obacht! Geand obacht!* (Warnruf)
Ofa	Ofen; mehrere *Öffa*
oobar	aper (von lat. *apertus*: offen, frei); *uusoobra* (schneefrei werden, ausapern)
odr	oder; entweder – oder; häufig in redegliedernder und auch Zustimmung hei-

	schender Weise mit der Bedeutung »nicht wahr?« gebraucht: *Iir wissnd eh, wianni des moan, odr? Koa odr!*
Ooga, Ouga	Augen. *Uss da Ooga loo* sollte man den jungen Nachwuchs nie. *Ooga macha* kann man nicht nur beim Jassen.
Öögle	Äuglein. *As ischt schöa, wemma a paar Öögle* (Spielkarten von einigem Wert) *idr Hand heat*, sind sich alle Jasser einig.
Oor	Ohr: *D' oora schtooloo* ist die Androhung einer körperlichen Züchtigung.
Ooraglonggar	Ohrringe
Ooraschlüüfar	Insekt, Ohrwurm
Örtle	kleine Ortschaft; Toilette, WC, Locus, *Schiißhuus* (derb)
Oorfiiga	Ohrfeige; als Zeitwort: ohrfeigen
ootalos	geschmackslos, fad
ordele, ordelig	ordentlich
ou, oo	auch: *Des dät ou passa.*
ouno, oonoch	auch noch. Verstärkt: *gad ouno*

a b c d e f g h i j k l m n o **p** q r s t u v w x y z

Wörter, die Sie unter P nicht finden, stehen sicher unter B

packen	packen, schaffen
pässla	auflauern, abpassen
Pfännile	Grimasse eines Kleinkindes
Pfiifadeckl	Pfeifendeckel; als Ausruf drückt *Pfiifadeckl!* scharfe Ablehnung aus
Pflänz	*Pflänz ha*: besondere Ansprüche stellen
pflatscha	im Wasser plantschen
pflenna	weinen
pflümmla	Pflaumen pflücken
pfnäschta	wiederholtes Räuspern; unruhig schlafen
Pfüate	familiärer Gruß beim Verabschieden
pfuufa	fauchen; schwer atmen
Pfufle	schwer atmender Mensch
pfutzga	zischen, fauchen
pemparla	ziellos an einer Sache herumarbeiten; ein Gesellschaftsspiel
plütscha	klopfen, schlagen
Plütsche	schwerfälliger Mann, naiver Draufgänger
plug	durchscheinend dünn, abgewetzt

R

raddibutz	völlig, ganz
räära	weinen
rääß	stark gewürzt, scharf: *an rääßa Kääs*
Raank	Kurve, Wegkrümmung. Wer *an Raank macht*, fährt eine Runde.
Rantsche	Person, die gerne und oft ausgeht
ratscha	schwätzen; als Hauptwort: Holzinstrument, das in den Kartagen als Ersatz für das Glockengeläut der Kirchen verwendet wird
Ratschkachla	jemand, der andere verpetzt oder vertrauliche Informationen weitergibt
Reaga	Regen; auch: *Rega*
Regig	Regung
reenka	lenken
Reis	Reis; Angst: *Mir goot da Reis.* (Ich bekomme Angst.)
Ribl	Maisgericht: in Milchwasser eingerührte, feste, in Butter leicht angebratene Masse aus Maismehl
ripsa	reiben, wetzen

Rittaross	Schaukelpferd
röafla	Kinderspiel: mit einem Holz eine Fahrradfelge antreiben
Rooch	Rauch
röcha	rauchen; räuchern; *rööchala* (nach Rauch riechen)
Rolle	brünstiger Kater
Ronga	dicke Scheibe Brot
rooß	sehr
Roßbolla	Pferdekot
Root	Rat
rottla	rütteln: *A deam gits nünt z'rottla.*
Rotztäscha	freches Mädchen
ruu, ruch	rau
rüabig	ruhig: *Kascht rüabig da andarna ou no eppas loo!* Wer nicht ruhig sein kann, *heat koa Rüabigs.*
Ruachle	grober Mensch; Schnellfahrer
rüücha	rauchen; sehr schnell fahren
Rüfi	Erdrutsch, Mure, Steinschlag; die Geländedeformation, wo häufig eine *Rüfi* abgeht
Ruufa	Wundkruste bei Abheilung
Rumma	räumen
Runkla	Runkelrübe
Ruusch	Rausch

saia	säen
saumentig	wie *huura*
seall, sealb	selbst: *Am beschta, mir machand des seall! Vunam sealb* erledigt sich die Arbeit nicht.
seachzge	sechzig
seaga	sägen; als Hauptwort: Segen
seckla	unnütz laufen, unsinnig rennen; auch: *ummaseckla* (herumrennen)
Seckl	dummer, blöder Mann. Ohne dumm zu sein kann man *da Seckl macha* (Spaß machen, den Narren spielen). Besser, man macht mit jemandem *da Seckl* als selbst *varsecklat z'wörra*.
Secklarei	mühsames Unterfangen; Unfug
segga	sagen. *Segga kamma viel*, solange man keine Taten setzen muss.
seich	Urin; Blödsinn; auch: *Soach*
Seichaff	vorwitziges, freches Mädchen; auch: *Soachaff*
sempra	trödeln

Siach	niederträchtiger, gemeiner Mensch; ursprünglich: chronisch Kranker
sii	sein
Siida	Seide
simne	sieben; auch: *sibne*
Sitta	Seite; *Uff d' Sitta!* (Auf die Seite! Zur Seite!)
soacha	urinieren, pissen (derb)
Soachr	junger unreifer Mensch
Sockle	unordentlich gekleideter, gemütlicher Mensch
Söck	Socken. Was einem nervt, *goot oam uf d' Söck*.
sooda	vergeuden; auch: im Unrat spielen
sövvl, sovl	so viel: *Sövvl zu derra Sach*.
Sooma	Samen. Werden Samen durch den Wind verbreitet, spricht man von *varsööma*.
Suu	Sau. Wer unzufrieden und ungeduldig ist, sagt: *Do künsch jo uffra Suu davoo!*
Suuhund	Schweinehund; Aschenbecher
suubar	sauber: *A suubre Sach* kann im übertragenen Sinn ironisch gemeint genau das Gegenteil bedeuten.
Süddre	unordentlicher, unsauberer, auch übellauniger Mensch
süüda	sieden
suufa	viel trinken, Alkohol trinken, saufen

süffig	Ein Getränk, das leicht durch die Kehle rinnt, ist *süffig*.
Süüla	Säule
Süüle	ein kleines Schwein, Schweinchen
sünnala	sich sonnen, sonnenbaden
Suuglogga	unpassendes Gerede. Wenn jemand *d' Suuglogga lüttat,* redet er unanständig.
suuhöörig	rau, grob, derb; robust
Summar	Sommer
Summse	langweiliger, unentschlossener Mann
Sunna	Sonne
Sunntig	Sonntag
suur	sauer. Nicht nur die Milch, auch die Arbeit kann *suur sii.*
surra	surren; jammern
Surta	Sorte
suss, soss	sonst, ansonsten, im Übrigen. *Sus wüßt i nünt me.* Die Frage *Suss goots dr no guat?* bedeutet nicht nur: »Im übrigen geht es dir gut?«, sondern auch: »Bist du noch zurechnungsfähig? Hast du noch alle Tassen im Schrank?«
Sutle	leitet sich offenbar von *Suu* (Sau) ab. Unordentlicher, unsauberer Mensch.
Suurampfla	Sauerampfer

Sch

schaffa	arbeiten
Schappele	Kopftracht, »Trachtenkrönele« für Mädchen
Schäär	Maulwurf; auch: *Scheer*; *Schäärfhuufa* (Maufwurfshügel)
Schbick	kleiner Stoß
schbicken	(weg)schnellen, (weg)schleudern, stoßen, schubsen
Schbirtz	ein Fußtritt: *An Schbirtz kriaga* ist unangenehm; *schbirtza* (mit dem Fuß einen Stoß geben); *d' Schbirtz koo* (mit einem Menschen oder einem Umstand zurechtkommen)
schbitz kriaga	verstehen, in Erfahrung bringen, herausfinden, mitbekommen
Schbööz	Speichel, Spucke; *schbööza* (spucken)
schdruub	struppig
Schdubat(e)	traute Unterhaltung: Hausbesuch bei Freundin bzw. Freund
schdukka	strebern, eifrig lernen
Schelfra	Abgeschältes, Schale(n)

Scheesa	Kinderwagen; Pferdekutsche; Abkürzung für den höchsten Berg des Rätikons, die Schesaplana
schiaba	schieben; Manöver beim Kartenspiel
schiaga	hinkend, schlurfend gehen; *Schiage* (hinkender Mensch)
schiißa	»die Notdurft verrichten«, scheißen. Eine Meinung, die man nicht teilt, oder eine Information, die man nicht glaubt, kommentiert man mit *a – schiißa!* Wenn's schlecht geht, *goots gschissa*.
Schitt	Holzscheit
schitta	Holz hacken
Schittarhuufa	Holzhaufen; im Backrohr zubereitete Süßspeise; vor allem aus Äpfeln, Rosinen, in schmale Streifen geschnittenes Zopfbrot, Ei, Milch, Butter und Zucker
schlabuucha	dickbäuchig gehen
Schlabutz	große Anstrengung, Schinderei
schlaha	schlagen
Schlaanz	Riss im Kleid, Papier usw.
Schlappa	Hausschuhe, Schlappen; gutmütiger, etwas einfältiger Mensch
schlätt(a)ra	ausrutschen, wegschleudern
schlengara	nachlässig gehen, wobei die Bewegung der Extremitäten nicht genau abgestimmt ist
Schlenz	Riss

schlenza	schlitzen, reißen; stürzen: *Mo, heats dia ussegschlenzt!*
schliffra	auf glatten Flächen gleiten
Schliim	Schleim
schloapfa	schleppen
Schloapfar	Sandalen, Hausschuhe, Schlappen
schlööza	schlecken; auch: *schlotza*
schlöuzig	schleimig, rutschig
Schlotz	gallertartiger Batzen
Schlotzer	Lutschbeutel für kleine Kinder, Schnuller
Schluddare	hastig, nachlässig arbeitender Mensch
schlüüfa	schlüpfen
Schmarra	gerösteter Eierkuchen; eine unsinnige Behauptung
schmecka	riechen; schmecken
Schmelga	im Bregenzer Wald Bezeichnung für »Mädchen«
Schmitta	Ort kleingewerblicher Metallverarbeitung, Schmiede
schmöllala	verstohlen, verhalten lächeln
schmürba	schmieren. Sprichwort: *Schmürba und Salba hilft allathalba.* (Schmieren und Salben hilft immer); zugeben, beim Kartenspiel eine ergiebige Karte darangeben
Schmuttra	leichte Beschädigung; oberflächliche Wunde

Schneacka	Schnecke
Schneid	Mut, Verwegenheit. *Schneidig sii* (mutig sein; aber auch: kurz angebunden, forsch im Auftreten). Wer *schneidig azoha ischt,* ist fesch gekleidet, wer in flottem Tempo fährt, *kut schneidig daher.* Wer *Schneid heat,* wird bewundert; übertriebene *Schneid,* als Unverschämtheit aufgefasst, stößt hingegen auf Ablehnung: *Deam wörramar d'Schneid abkoofa.*
schnepfla	schnitzeln; auch: *schnipfla*
Schniidargang	sich auf den Weg machen, um eine Angelegenheit zu regeln, aber unverrichteter Dinge wieder zurückkehren; eine ergebnislose Bemühung
schnöugga	naschen; auch: *schnööga*
Schnorra	Maul (derb): *Halt d' Schnorra!* Auch: schimpfen
Schnorrawaggle	Abwertend für: Vielredner
schnorrla	schimpfen
schnüüza	schneuzen
Schnuuf	Atem. Wer *koan Schnuuf me tuat,* ist tot; *schnuufa* (atmen, schnaufen)
Schoata	Hobelspäne
Schocha	Heuhaufen; allgem. für ein Haufen
schönera	schöner, hübscher werden: *Sit i si 's letschtemol gseaha ha, heat si rooß gschönerat.*

Schoopa	Mantel, Sakko; auch: *Tschoopa*
schoppa	stopfen. Wer rasch und viel isst, *tuat inneschoppa*.
Schooß	der weibliche Unterleib; Schürze
Schotta	Molke; *Schottasigg* (lang erhitzte, gebräunte Molke, der Fruchtzucker aus gesottener Molke)
schpäära, schpärra	sparen: *Mit da Esl schpärat ma d' Ross.* (Mit den Dummen wird die Arbeit gemacht, das Wertvolle spart man auf.) *Schpärra* bedeutet auch »abschließen, sperren«.
Schpaaga	Schnur, Spagat
Schpätzle	Teigware, als Beilage verwendet; ähnlich wie Nockerln
Schpatzeckla	Spiel, bei dem ein vorne zugespitzer Holzstab auf einen bereits im Boden steckenden geschleudert wird mit dem Ziel, jenen aus dem Boden zu schlagen.
Schpealta	lange Holzspalten
Schpielbuaba	stellungspflichtige Jungmänner, Spielhahnfeder tragende Rekruten
schpööt	spät; *schpöötar* (später)
Schpriißa	kleiner Holzsplitter
Schpruddle	überhastet und undeutlich Sprechender
Schprütza	Spritze; spritzen
schpudra	speien. Ein *Schpudre* ist ein Mensch mit feuchter Aussprache.

Schpuntes	Respekt, Angst. *Do ischt eam d' Schpunte ganga* sagt man über jemanden, der es mit der Angst zu tun bekam.
Schraaga	Bettgestell; hässliche Frau
schreapfa	bremsen
schreenza	reißen
Schrieb	etwas Geschriebenes: *Zoag amol dean Schrieb!*; als Zeitwort die Befehlsform: schreib!
schröa loo	lauthals klagen, laut weinen
Schruufa	Schraube; als Zeitwort: schrauben.
Schtanda	hohes Holzgefäß
schteala	stehlen. Redewendung: *Am Hergott dr Tag schteala* (auf die Arbeit vergessen).
Schteffl	Stufe
Schtich	In der Fachsprache des Jassens bedeutet *in Stich koo* (in den Stich kommen, zum Stechen kommen) mittels höherer Spielkarte die anderen einheimsen. *Im Stich loo* (im Stich lassen) heißt, dass man aus taktischen Gründen auf das Stechen verzichtet und eine Karte zugibt anstatt mit einer höheren abzustechen, weil man auf eine lohnendere Gelegenheit zuwartet. Außerhalb des Fachjargons versteht man darunter allerdings eine moralisch verwerfliche Verhaltensweise, nämlich eine unterlassene Hilfeleistung oder eine unterbliebene Unterstützung.

Schtickl	Bohnenstange
Schtoa	Stein; *an Schtoa im Breatt ha* (bevorzugt behandelt werden)
schtoora	wühlen, stochern; auch: *schtorra*
Schtoora	Baumstrunk; alte, auch magere Frau; auch: *Schtorra, Schtorza*
Schtopfar	Maisgericht. Siehe *Ribl*
Schträäl	Haarkamm; *schträäla* (die Haare kämmen)
schtribla	strampeln
schtruub	zerzaust, mit wirren Haaren, struppig. Wenn man im Gebirge *schtruube Buaba* sieht, handelt es sich dabei um Alpenblumen.
Schtruucha	Schnupfen
schtrüala	wühlen
Schtuucha	früher von Frauen getragene weiße Trauerhaube. Daher kommt die Bezeichnung *schtuucha wiiß*.
schtüüba	stauben
Schtumpa	kurzer (und dicker) Mensch
schtupfa	leicht stoßen; auf etwas hinweisen: *Dunna widdr amol schtupfa, asars ned vargisst*; händisch Pflanzenkerne setzen
Schtutz	steil ansteigende Wegstrecke
schüüch	scheu: *Du varschüchsi jo!* (Du verscheuchst sie ja); auch: *schüü*
schüssala	fügen, in der Wendung: *as schüssalat si* (es fügt sich)

schüüßa	schießen. Wenn etwas seltsam, eigenartig, komisch wirkt, *ischas zum Schüüßa*.
Schuufla	Schaufel; als Zeitwort: schaufeln; hastig und viel essen: *Dia dond inneschuufla!*
Schwärtling	Längsabfall beim Brettersägen
Schwätzare	eine mitteilsame Frau, Plaudertasche, Schwätzerin
Schwätze	Schwätzer
Schwaanz	Auch in der bäuerlichen Sprache nimmt bisweilen ein Körperteil die Stelle des Ganzen ein. *Wöaviil Schwänz heascht duu?* versteht jeder Bauer als Frage nach der Anzahl seiner Kühe.
Schweafle	Schwafler, Schwätzer
Schwiinis	Schweinernes
schwitza	schwitzen
Schwizr	Schweizer
schwöaßala	nach Schweiß riechen
schwööbala	mit schwäbischem Akzent sprechen
Schwumm	eine Schwimmrunde

Wörter, die Sie unter T nicht finden,
stehen sicher unter D

Tatsch	Schlag; auch als Ergebnis des Schlages: lautes Geräusch. *Uf a Tatsch* (plötzlich, schlagartig). Anlässlich eines Verkehrsunfalles sagt man: *Heat des an Tatsch tua!*
Toasch	aufgeweichter Boden; Kuhfladen
Toofata	eine Taufe
Toopa	Hand, Finger (derb); ebenso für das entsprechende tierische Körperteil gebraucht: Tatze, Pfote; Fingerabdruck
trääga	tragen
trätza, trätzla	lästig tun, necken, aufziehen, pflanzen
Trodler	Nichtstuer, säumiger Mensch
trogga	täuschend, trügerisch. *A troggasch Bürschle* sagt man von einem jungen Mann, dessen Fähigkeiten größer sind als zunächst angenommen.
trööma	träumen; auch: *trooma*. *Trööma derfscht. Troomscht?*
trülla	(wiederholt herum)drehen
trümmlig	schwindelig

Trümsle	ungeschickter Mensch; auch: *Trümslar*, weiblich: *Trümslare*
Trumm	Teil, Endstück eines Seiles, ein Stück; *i oam Trumm* (unentwegt, pausenlos); große Sache; langer Mensch; großes Tier oder großes Exemplar
tschäppara	wenn ein Gegenstand einen Lärm macht, scheppern
Tschoole	geistig minderbemittelter, aber gutmütiger Mensch
Tschuppa	Haarbüschel, ungeordnetes Kopfhaar
Tschüppl	(Haar-)Büschel
tschutta	Fußball spielen
Türka	Mais; *Türkakolba* (Maiskolben)
Tür	Türe; als Eigenschaftswort: teuer. *Gär ned tür.*

Übarkoo	geschenkt bekommen
übarloffa	überfüllt
übarloo	überlassen
übarloofa	Flüssigkeit rinnt aus, geht über; übergroßer Andrang; auch: *übarloufa*
übaruus	darüber hinaus: *Ar ischt übaruus gfaara.* (Er geriet mit dem Auto über den Straßenrand hinaus.)
übarzuckra	einen Sachverhalt begreifen; leicht bedecken. Wenn es einmal herunterschneit, *sind Berg liicht übarzuckrat*.
übre, öbre	(z. B. über eine Brücke) hinüber
uffe, uffa	hinauf, herauf
uuf	auf. Je nach Betonung ist *hör uuf* eine Aufforderung, jemand möge etwas unterlassen, oder der Zwischenruf eines Zuhörers, mit dem er sein Erstaunen signalisiert (ungefähr: »Ja, wirklich?«, »Tatsächlich?«, »Das ist allerhand!«).
uufgia	die Flinte ins Korn werfen, aufgeben; einen Brief befördern lassen; eine Aufgabe stellen

Uufzug	Dachboden; Lift; auffallende, ausgefallene Kleidung, modisches Äußeres: *I was fürnama Uufzug kond dia daherra!*
uufgleet	in Bezug auf die seelische Verfassung: aufgelegt sein; sichtbar hinlegen, ausbreiten. Wer beim Kartenspiel *an uufgleeta Matsch i da Hend heat*, braucht nicht jede Karte einzeln auszuspielen, sondern kann alle gleichzeitig vorweisen, weil er alle Stiche macht. Ein offensichtlicher Unsinn ist *an uufgleeta Schmarra*.
uufrega	aufregen
uufzüha	aufziehen; necken; hänseln
uugföör	ungefähr
umma	als Richtungsangabe: herüber: *Konnd umma!*; als Orts- oder Zeitangabe: anwesend sein, da sein: *Sindar morn umma? – Jo, mir sind ummanandar.*
ummanand	wie *umma*
umme, omme	hinüber, um die Ecke; zeitlich im Sinn von »vorbei«: *Iaz isch scho a Schtund umme und dia sind allad no ned do!* Jemand, der *ummeglupft würd*, wird betrogen.
umsatla	den Beruf wechseln
Uneglar	beißender Kälteschmerz in den Händen oder Zehen
unta	unten. Die Wortfolge *va unta uffa* (von unten herauf) erhielt, als feste Wortverbindung verstanden, einen besonderen

Sinn: Wer *va unta uffa* kommt, stammt meist aus der Steiermark oder aus Kärnten und hat sich auf der Suche nach Arbeit in Vorarlberg niedergelassen. Er arbeitet zunächst oft an Stelle von Einheimischen, welche als Pendler in die Hochlohnländer Liechtenstein und Schweiz abwanderten, sowie in expandierenden Wirtschaftszweigen.

unt(a)r unter: *Untr deanna Umschtänd mömmar üüs des noch amol übarlegga. Isch dr so eppas schoa amool untr koo?*

untre unter (dieses »unter« lässt einen Vorgang erwarten): Mit *Kumm untre!* lädt man jemanden ein, unter den Regenschirm zu treten, um nicht nass zu werden oder auch unter die gemeinsame Bettdecke zu schlüpfen. In der umgekehrten Wortfolge *untre koo* weist man auf eine Situation hin, wo ein Mensch zu Schaden kam (etwa ein Verkehrsunfall, wo jemand unter ein Fahrzeug gerät: *ar ischt untre koo/kuu*) oder auf eine Sache, die, mit anderem vermengt, unauffindbar ist, also verlegt wurde oder verloren ging: *as isch untre koo*.

uus aus (als Vorsilbe oder Vorwort): Lässt mich meine Auffassungsgabe im Stich oder bin ich fassungslos, sage ich: *Do loots m(a)r uus*. Weiters: *Kircha ischt uus*. Und: *Dr Ofa ischt uus*.

uss aus (als Richtungsangabe): *D' Lütt kond uss ...* (Die Leute kommen aus ...)

ussa, ussar	heraus: *Kumm ussa!*
usrüücha	einen Geruch verströmen
usse	hinaus: *Gang usse!* (Geh hinaus!)
uufgaabla	abschätzig für: eine Bekanntschaft machen, aufreißen. *Wean hesch do uufgaablat?*
uusgia	ergiebig sein; verteilen, ausgeben
uusglatschat	Schuhe, die in Folge langen Tragens ihre Form eingebüßt haben, sind *uusglatschat* bzw. *uusgschiagat*.
uushalta	aushalten
uuskoo	sich vertragen, miteinander auskommen; entwischen, entlaufen; ausrieseln, auslaufen
ussakoo	herauskommen, herausgekommen. *Und des ischt ussakoo?*
uuslälla	durch Grimassenschneiden verspotten
uusloo	auslassen (z. B. die Wut oder das Vieh)
uttr, üttr	Euter

Wörter, die Sie unter V nicht finden,
stehen sicher unter F

Varbärmscht	Erbarmen, Mitleid: *Varbärmscht haa*
varbaarma	erbarmen
varbudla	zerknüllen
varbutza	Geld ausgeben; *Des kanni ned varbutza!* (Das kann ich nicht leiden!)
vargaggla	zusammenbrechen. *Und denn ischt alls zsemm vargagglat.*
vargitzla	etwas fast nicht erwarten können
varheia	kaputt machen
varhocka	überlang in Gesellschaft/auf Besuch bleiben. *A varhockate Grippe* ist eine nicht auskurierte Grippe.
varkopfa	den Kopf zerbrechen
varliida	etwas unter großer Mühe durchführen; Hauptwort: *Varlitt*
varloffa	weg gegangen, auseinander gegangen. Mit *iaz isch dar Maarkt schoa varloffa* wird bedeutet, dass jemandes Interesse an einer Sache zu spät kommt
varlufta	vom Wind wegblasen
varnärscha	verrückt werden

varnünnta	einen Gedanken, eine Äußerung oder eine Tat abwerten
varquanta	unterbringen, versorgen, verarbeiten
varschricka	erschrecken
varschtoo	verstehen. *Kan Tutt varschtoo* tut man, wenn man von einer Sache gar nichts versteht.
varschuaschtra	verschlampen, kaputt machen
varseckla	zum Narren halten, täuschen
varsööma	siehe *Sooma*
varsumma	versäumen. Redeweise: *Des ischt 's Beattla vrsummt* sagt man im Hinblick darauf, dass jemand miserabel entlohnt wird. (Das ist das Betteln versäumen.)
vartrüllat	verdreht
varuss, vardussa	draußen, heraußen, im Freien
varwüscha	erwischen. *Lass di ned varwüscha!*
varwüüscha	verwünschen: *I künnt di varwüüscha!*
varzella	erzählen
varzussla	zauselig machen, zerzausen
Veaa	Vieh, Viehherde. Besonders wenn er in der Gruppe auftritt, benimmt sich der Mensch manchmal ausgelassen *wias Veaa*.
viare	vier

waala	wälzen
wää	vornehm angezogen: *Si ischt wää.*
wänd	Wände. Redewendung: *Sii heat viel Holz vor da Wänd* (sie ist eine vollbusige Frau); auch: wollt ihr ...?/wollen Sie ...?
wäsala	trockenes Gras abbrennen
wäscha	waschen. Jemandem *da Kopf wäscha* heißt im übertragenen Sinn ihm offen seine Fehler vorhalten, ihm die Leviten lesen.
Weachtig	Werktag. *Im Untarschiid zunama Fiirtig wird anama Weachtig gschaffat.*
weaga	einen Weg ausbessern oder von Schnee befreien
wellaweag	sowieso, ohnedies; freilich, bestimmt
wezza	die Sense schleifen; schnell laufen, eilen
Wiibr, Wiibar	Frauen, Weiber. Sprichwort: *Wo inam Huus mee Wiibar sind as Öfa, ischt bald Füür im Dach.* Auch: *A bösas Wiib isch dr bescht Zuu ums Huus.* Das Lebensmotto »Wein, Weib und Gesang« wird im traditionellen Vorarlberg folgendermaßen praktiziert: *A Wiible, a Gärtle, a Hüüsle.*

Wickl	eine Verwirrung, ein Durcheinander. Im übertragenen Sinn heißt *an Wickl haa* mit jemandem im Streit liegen.
wiff	intelligent, klug, schlau
wifla	einen Schaden im Stoff gewebsartig vernähen
Wiibalar	abwertend: Mann, der sich gerne in der Gesellschaft von Frauen aufhält
Wiis	Weise: *uf dia Wiis goots liichtar*
wiiß	in der Farbe Weiß
wiisa	weisen, lenken: *Da Rodl köörig wiisa* (Die Rodel anständig lenken); beim Kartenspiel Extrapunkte machen
wiislos	verwirrt, senil
wit	weit. Spruchweisheit: *Wer lang froogat, würd wit gwissa/gwiisa*
Wittlig	Witwer
Wiiwassar	Weihwasser. *Sie heats Wiiwassar ussam Suukübl gnoo* sagt man von einer, die schlecht geheiratet hat.
woalle	schnell, rasch
Woarb	Teil des Sensenstils. *Er ischt ned reacht am Woarb.* (Er ist nicht ganz zurechnungsfähig.)
woodla	flattern: *as woodlat nur so* (etwas bewegt sich stark im Wind)
worschindle	wahrscheinlich. Mit *Jo worschindle!* weißt jemand ein Ansinnen als Zumutung zurück.

wörfa	werfen
Wösch	Wäsche. Redewendung: *dumm us dr Wösch luaga* (unangenehm überrascht sein, wenn man das Nachsehen hat)
wundrig	neugierig; *Wundar* (Neugierde): *Da Wundar heat sie blogat* sagt man von einer von Neugierde geplagten Frau.
würmar	wärmer; als Hauptwort: Würmer
Wüsch	kleine Menge geschnittenes Gras oder Heu, ein Arm voll
wüscha	reinigen, wischen; schlagen, ohrfeigen
wüüscha	wünschen
Wüschl	dichter Haarschopf
Wuusch, Wüüsch	Wunsch, Wünsche

Z

bcdefghijklmnopqrstuvwxy**z**

z' Gang koo	zurechtkommen
zaala	bezahlen; als Hauptwort: Zahlen
Zaggle	unordentlich gekleideter Mensch
Zalla	filziger Haarstrang
Zatta	eine Gruppe Menschen: *a ganze Zatta*
Zeeha	Zehe(n)
zehha	zehn
zemma	zusammen; auch: *zemmid*
Zenna	Grimasse
zetta, zettla	geschnittenes Gras zum Trocknen ausbreiten
Zick	säuerlicher Beigeschmack bei Speisen
Ziis	Zins
Zilla	Zeile; auch: *Ziilat*
Zinka	Zinken; sehr große Nase
zipfla	nervös, aufgeregt sein; *varzipfla* heißt »schier verzweifeln«
Zieschtig	Dienstag
Zitt	Zeit; *Zitta* (die Zeiten)

Zittig	Zeitung; als Eigenschaftswort: zeitig
Zizile	Frankfurter bzw. Wiener Würstchen
zmool	plötzlich, auf einmal. *Uff zmool ischas ganga.*
z'nüne	Vormittagsjause
Zoacha	Zeichen
Zoana	geflochtener Korb
zöchla	locken
Zossle	zotteliger Mensch
Zottla	lange Haare; als Zeitwort: dahertrotten
Zottle	unordentlich(er) (gekämmter) Mensch
Zuu	Zaun
zualoo	verschlossen halten; erlauben, zulassen
zuee, zuehe	hin. *Nomma zuehe koo* wünschen sich Arbeitssuchende.
Zübala	Zwiebeln
Züüg	Sachen, Zeug; Züge
züggla	übersiedeln, woanders hinziehen
züha, züüa	ziehen: *Dond ned z' rooß dra züha!* Bei Durchzug: *Do züüts wi innar Wäschkuche.*
züüsla	zündeln
Zussle	unordentlicher, langhaariger Mensch
zweia	pfropfen; *Zwei* (Pfropfreis)
zwüschat	(da)zwischen; *zwüschadur* (zwischendurch); *Zwüschazit* (Zwischenzeit)

Menschen wie du und ich

UNTERWEGS IN DER MARKTGEMEINDE RANKWEIL
In den überschaubaren Orten Vorarlbergs war jeder mit jedem bekannt. Sprach man über ein anderes Dorfmitglied, gebrauchte man an Stelle des Familiennamens meist den so genannten Haus- oder Übernamen.

Häufig charakterisierte dieser Beiname eine körperliche Auffälligkeit, eine persönliche Eigenart oder eine bestimmte Verhaltensweise. Der *Toaschtoni* etwa war jener Bewohner des Bürgerheimes names Toni, der die Vedauuungsendprodukte der Kühe, die an seinem Wohnsitz vorbeigetrieben wurden, einsammelte. Augenscheinlich erleben wir hier, im mitmenschlichen Bereich, die trockene, bissige, manchmal ausgesprochen derbe Sprache der lebenspraktischen Landbewohner in ihrer vollen Blüte: *Suu-Aagat, Gässilibock, Schnorrabotzar, Türkafödili, Kirchaplötsch, Hosaschiißar*.

Auch wurde nicht selten festgehalten, woher jemand stammte, wenn er von auswärts, also aus dem Nachbarort oder aus einer gar noch weiter entfernten Gegend ins Dorf zog: *Bresner, Fraxners, Laternserli, Bräagazers, Schwobasepp*.

Manchmal versah man den Vornamen eines Ahnen mit einer Mehrzahl-Endung und bezog ihn auf alle Angehörigen: *Emmilis, Paulinas, Theodosis* oder er bildete den Namensbestandteil einer Einzelperson: *Hannesabuab*.

Daneben wurde die Berufsbezeichnung, die Wohngegend oder die besondere Örtlichkeit des Familiensitzes namensprägend: *Krüzwürts, Schuflabuur, Sennhöfler, Schlosser, Schnapsbrenners, Wiißgerbers*.

In Anbetracht der Übernamen lässt sich nachvollziehen, wie dicht gestrickt das Beziehungsgeflecht zwischen den

Bewohnern in den gegen außen ziemlich abgeschlossenen Dorfgemeinschaften war, wie das Dorfgeschehen besprochen und wer womit identifiziert wurde:
Babas, Bachamöllers, Baron Waldheim, Bigeudis, Blazis, Böckelers, Bockhosli, Boddaleggers, Bolligli, Bongats, Boonaschöch, Botschawürt, Botstoni, Bräagazers, Bresner, Briserahügl, Bröggeler, Broggeramehel, Brölla, Brosis, Brunnamacher, Buachbinders, Buochers, Buras, Bürlis, Chorregents, Dächlimachars, Dampfhans, Dökteler, Doppelbeck, dr Ochsatöbeler, Dräckzeller, Dreier, Ebbigläaber, Eckeras, Emmilis, Färbers, Flamingo, Födilibäck, Fräalis, Frank Fidelis, Fraxners, Gässilibock, Gauamöller, Geftschiißer, Goldonkel, Göttitätti, Gröbili, Grooplis, Gummiködla, Hääzers, Hafaloab, Halbioalfi, Hannesabuab, Hasagaßpfarr, Hauptmann Nasaloch, Hennavogl, Hennavögler, Herkules, Hollaparolla, Holzschuaboxer, Hopfasturn, Hosalopfer, Hosaschiißer, Hundertpfund, Hündlers, Hungerturm, Hüslis, Huurament, Ii-bis, Isajockl, Jochems, Jödli, Jokwäaber, Josilis, Käalleras, Kachlaschlowak, Kaschper, Kasiner, Kasis, Keimer, Kellabrüß, Kellameuk, Kirchaplötschi, Kloosa, Klösli, Knollafoher, Knoschpamacher, Knoschpatantes, Kompliment, Konsumdiitri, Koolferdis, Kreschtkindler, Kretschtlifreck, Kriasiloch, Krömers, Krottakopf, Krottawürt, Krüsi, Krüzwürts, Läahatlis, Langas, Laternserli, Liberätler, Limer, Lòkassa, Malis, Mandokas, Märtili, Märxli, Mäschigers, Meglamenz, Melklis, Menz, Mesmers, Modesta, Nannipäppi, Nazis, Néwoor, Nodlamacher, Oalfiglogga, Öhri, Oschas, Paulinas, Pfiifagau, Phelleppers, Philleplis, Polentahof, Räachamachers, Rötzitüfl, Rüaggalakalb, Rüaggeler, s' Fonzili, s' Klooftar, s' Sattlers Gustl, Säffili, Sahlers, Saias, Salesis, Salomo, Schäack, Schecklis, Scheßli, Schiürg, Schlossers, Schnäackafrenzli, Schnapsbrenners, Schnider, Schnorrabotzer, Schnorraschötz, Schöchlis, Schrägmääß, Schri-

bers, Schuuflabuur, Schwizzeras, Schwobasepp, Senna, Sennhöflar, Sollermöller, Sozimuatar, Späackhannes, Stäagamachers, Sternagugger, Stockahuaber, Stöcklifirgger, Stötzeler, Strackhoorli, Strohschniders, Suu-Agat, Suu-Alge, Sülakrömer, Sunnakalb, Suu-Sepp, Tellisfrack, Theodosis, Theofiler, Tintagötteler, Toaschtoni, Totahemd, Tschak, Tschuntli, Türkafödili, Uhratod, Valatilis, Vögili, Wäabaler, Wäallabuch, Waldhirts, Wendels, Wick, Wiißgerbers, Wiißli, Wuurmoaschters, Zeggler, Zementpeter, Zöaneler.

DIE LIEBEN NACHBARN AUS DEN ANDEREN GEMEINDEN

Wie für die Familien innerhalb eines Dorfes gibt es Übernamen auch für die meisten Vorarlberger Gemeinden und Ortschaften beziehungsweise deren Bewohner. Lediglich aus dem Montafon sind, mit Ausnahme von St. Anton und Vandans, keine solchen Benennungen überliefert. Sie knüpfen in einzelnen Fällen an historische Begebenheiten an oder nehmen auf einen hiesigen Wirtschaftszweig Bezug. Im Fall der Bregenzerwälder Gemeinde Au erinnern die *Mähraländar* daran, dass im Jahr 1585 eine Gruppe von Wiedertäufern notgedrungen nach Mähren auswanderte. Die *Läattabüch* von Altach verweisen auf die noch nach dem 2. Weltkrieg in jener Gemeinde ausgeübte Tätigkeit des Torfstechens. Oft handelt es sich um Verallgemeinerungen, deren Ursprung nicht mehr nachvollzogen werden kann. Zumeist haben die Bezeichnungen ironische Bedeutung. Der heutige Sprachgebrauch kennt sie noch zu besonderen, scherzhaften Anlässen.

Ort	Übername
Alberschwende	*Merbodtötar, Dachshackar, Klobhornar*
Altach	*Läattabüch*
Altenstadt	*Hasaknager, Körnlebiißar, Hosaschießar*
Andelsbuch	*Kriesepickar*
Au	*Fedrabloasar, Mähraländar*
Bangs	*Läatakneatar*
Batschuns	*Isasteackazweier*
Bezau	*Marktgmüondlar*
Bildstein	
Bizau	*Goaßgagglar*
Blons	*Haberschneller*
Bludenz	*Statzgafresser*
Bludesch	*Schnägga*
Brand	*Fäärle*
Brederis	*Eusebitöter*
Buchboden	*Füchs*
Buchebrunnen	*Gütterlisoacher*
Bregenz	*Seebrünzlar, Herralaiblefreassar*
Bregenz-Fluh	*Nollatrüllar*
Buch	*Pfundlaiblar*
Bürs	*Krotta*
Bürserberg	
Dafins	*Stiermelker*
Dalaas	
Damüls	*Ziagarmülsar*
Doren	
Dornbirn	*Süaßlarschnitz, Stumpalar, Türkamealar*
Düns	*Hanfsomabiegar*
Dünserberg	*Bommpickar*
Egg	*Gealbfüaßlar, Muasmehlknüllar*
Eichenberg	*Seeguckar*
Feldkirch	*Stiefilewixar, Stefilibotzer, Stäacklijocker*
Feldkirch-Gisingen	*Milchsüpplar, Bocksäcklar*
Fontanella	
Frastanz	*Schnecka*
Fraxen	*Muasschloapfar*
Fußach	*Krottalochar*
Gaißau	
Gaschurn	

Gisingen	*Melksöpplar, Holzschuaboxar, Bocksäcklar*
Göfis	*Schnetz*
Götzis	*Lumpasemmlar, Kluppadorfer, Gemeinde Althäß*
Hard	*Mufohar, Groppa*
Hittisau	
Hohenems	*Hoga, Stoaböck*
Hohenweiler	
Hörbranz	
Kennelbach	*Käskella, Käsknöpflar*
Klaus	*Steckelschießer*
Klösterle	*Boonabüigar*
Koblach	*Schollafressar, Turbabuba*
Krumbach	
Langenegg	
Laterns	*Stinkar*
Lauterach	*Türbalar*
Lech	
Lingenau	
Lochau	*Roßbollakochar*
Lorüns und Stallehr	*Schnapfa*
Ludesch	*Rebaschwänz*
Lustenau	*Riizigünar, Breama*
Mäder	*Hutzla*
Meiningen	*Bammilebüüch*
Mellau	*Laiblefreassar, Grumporoschellar*
Mittelberg	
Möggers	
Muntlix	*Schäalli, Großglockner*
Muntlix-Arka	*Studabrunzer*
Nenzing	*Stiera*
Nofels	*Kirchafüchs*
Nüziders	*Mehlbirar*
Raggal	*Stiara*
Rankweil	*Stangabozzar, Hirschflözar*
Reuthe	*Rossbadar*
Riefensberg	
Röns	*Kogatrolar*
Röthis	*Engeridörer*

St. Anton	*Schottabüch*
St. Gallenkirch	
St. Gerold	*Hotte, Hotti*
Satteins	*Staaplattaflözar, Hurnessar*
Schlins	*Hünd*
Schnepfau	*Hebiisapflanzar*
Schnifis	*Kriasehoga*
Schoppernau	*Schäfalar*
Schröcken	
Schwarzach	*Schliifar, Hutzeler*
Schwarzenberg	*Montinegrau*
Sibratsgfäll	
Sonntag	*Wurschtjägar*
Stuben	*Lurker*
Suldis	*Schmalzhafaschießar, Stengeledreher*
Sulz	*Spengler*
Stuben	*Lurgga*
Sulzberg, Ortsteil	
Thal	*Botschaländar*
Thüringen	*Kriasestinkar*
Thüringerberg	*Heiliggeistmetzgar*
Feldkirch-Tisis	*Hattelar, Ribldruckar*
Feldkirch-Tosters	*Bitzbättlar*
Übersaxen	*Reabaschwänz*
Vandans	*Gipsköpf*
Viktorsberg	*Farnfressar*
Restvorarlberg aus Sicht der Montafoner	*Schnapfa*
Warth	
Weiler	*Löchleborer, Födlastorer, Hungerlidar*
Wolfurt	*Hafaloabar*
Zwischenwasser	*Isastäackzweier*

Quellen und Literaturangaben

Eugen GABRIEL: Die Mundarten an der alten churrätisch-konstanzischen Bistumsgrenze im Vorarlberger Rheintal. Eine sprachwissenschaftliche und sprachpsychologische Untersuchung der Mundarten von Dornbirn, Lustenau und Hohenems (Mit Flexionslehre). Verlag N. G. Elwert, Marburg 1963. Reihe: Deutsche Dialektgeographie, hgg. von Ludwig Erich Schmitt, Band 66.

Clemens HONEK: Unveröffentlichte Liste mit Übernamen von Vorarlberger Gemeinden, zusammengestellt aus verschiedenen Vorarlbergensien.

Leo JUTZ: Vorarlbergisches Wörterbuch mit Einschluß des Fürstentums Liechtenstein. Wien 1960, Verlag Adolf Holzhausens Nachfolger.

VORARLBERGER LANDESREGIERUNG (Hg.): Vorarlberg – unser Land. Jungbürgerbuch. Bregenz 1983, 2. überarbeitete Auflage.

Josef MÄRK: Rankler Hus- und Öbarnämma. Aus dem unveröffentlichten Nachlass des Rankweiler Forstingenieurs: umfangreiche Sammlung der überkommenen Haus- und Übernamen der Bürger der Marktgemeinde Rankweil, zusammengestellt in Form eines zweiseitigen Typoskripts 1983.

Leonie NEYER: A agne Sproch. Alte Wörter, Sprüche und Redensarten in Bludenzer Mundart. Und dazua a paar Gschichtle und Gedichtle. Bludenz 1999. Selbstverlag.

Hermann PAUL: Mittelhochdeutsche Grammatik. Tübingen 1989, Verlag Max Niemeyer. 23., neu bearb. Aufl.

Sylvester RATZ/Tone FRANZ: Üsa Schprôch – Üsa Gschpanô. Sprachschatz aus dem Mittelbregenzerwald. Eigenverlag 2001.